Wolfgang Brückner: „Arbeit macht frei"

Otto-von-Freising-Vorlesungen
der Katholischen Universität Eichstätt

Herausgegeben von der
Geschichts- und Gesellschaftswissenschaftlichen
Fakultät der Katholischen Universität Eichstätt

Band 13

Leske + Budrich 1998

Wolfgang Brückner

„Arbeit macht frei"

Herkunft und Hintergrund der KZ-Devise

Leske + Budrich Verlag Opladen 1998

Dem Andenken meines Vaters,
verstorben in einem Arbeitslager
in den Pripjet-Sümpfen 1945

CIP - Titelaufnahme der Deutschen Bibliothek

© 1998 Katholische Universität Eichstätt

ISBN 978-3-322-92321-9   ISBN 978-3-322-92320-2 (eBook)
DOI 10.1007/978-3-322-92320-2

Vorwort

Die zentralen Ergebnisse der vorliegenden Studien habe ich am 5. Juli 1995 im Rahmen der Otto-von-Freising-Gastprofessur der Katholischen Universität Eichstätt in einem öffentlichen Vortrag erstmals dargelegt. Das in der Folge erweiterte Redemanuskript konnte ich in den beiden nächsten Jahren an den Universitäten Würzburg, Graz und Wien sowohl einem breiteren Kollegenkreis wie speziellen Fachgenossen vorstellen und aus den anschließenden Diskussionen wichtige Anregungen für weitere Nachforschungen gewinnen. Inzwischen bedrängen mich unter anderem die Leiter von KZ-Gedenkstätten in Deutschland, den Text endlich zur Publikation freizugeben.

Der geschichts- und gesellschaftswissenschaftlichen Fakultät habe ich zum einen für das anregende Sommersemester 1995 auf dem Stiftungslehrstuhl zu danken und andererseits für die Geduld, die pflichtmäßige Publikation der beiden zusätzlichen öffentlichen Vorträge bis heute hinausschieben zu können mit der Möglichkeit, dieses eine Thema alleine, dafür aber in stark erweiterter Form drucken lassen zu dürfen. Ich hoffe, daß die wissenschaftliche und publizistische Resonanz darauf diese Entscheidung rechtfertigen wird.

Würzburg, am Tag der Arbeit 1998

Wolfgang Brückner

Inhalt

Die gegenwärtige Krise der Arbeitsgesellschaft ... 9

„Arbeit macht frei"
Die Forschungslage zur KZ-Devise ... 13
Die rekonstruierbaren Fakten der KZ-Wirklichkeit ... 16
Die unmittelbare Herkunft der Devise als ausformuliertem Sinnspruch ... 31
Der geistesgeschichtliche Hintergrund im Wandel des Arbeitsbegriffs ... 48
Die völkische Perversion von „deutscher" Arbeit ... 60
Zum Problem der Freiheit durch Arbeit ... 82
Fazit ... 91

Bilddokumentation ... 93

Anhang
Texte der Ideen-Popularisierung ... 107

Aufklärerische Kinderanleitungen 1777-1801 – Nationale Arbeit bei Riehl 1861 – „Arbeiten und nicht verzweifeln" nach Carlyle 1902 – Völkische Arbeit der Dietwarte 1920 – Nationalsozialistische Arbeitsdienstpflicht 1932

Bibliographie der mehrfach zitierten Literatur ... 126

Vor 54 Jahren nahe Auschwitz: Ein lebensgeschichtliches Nachwort ... 131

Die gegenwärtige Krise der Arbeitsgesellschaft

Schon vor fünfzehn Jahren haben Soziologen und Theologen das Ende unseres „Zeitalters der Arbeit" (Nietzsche 1889) zu ahnen begonnen und die Frage nach einer „Krise der Arbeitsgesellschaft" gestellt[1]. In den Wahlkämpfen unserer Tage dominiert in Deutschland hingegen der Slogan „Arbeit für alle", obgleich jedermann weiß, daß in der globalisierten Marktwirtschaft, zumal jener der Europäischen Union, die in Konkurrenz mit den Billiglohnländern der Welt steht, die zum Sparfaktor verkommene Arbeit aus den Rechnungen aller Arbeitgeber, einschließlich jeglicher öffentlicher Verwaltungen, sämtlicher politischer Parteien und beider großer Kirchen unablässig weiter herausgestrichen wird oder auf das Allernotwendigste beschränkt werden muß, um das bestehende Wirtschaftssystem der sogenannten Überflußgesellschaft zumindest vorläufig beibehalten zu können. Doch erst Arbeit macht frei, um an den Segnungen unseres Sozialsystems ungehindert teilnehmen zu können. Diese widersprüchliche Konstellation gibt der berüchtigten KZ-Devise gegenwärtig einen eigentümlich vieldeutigen Klang neuer Art, nachdem sie bisher im historischen Bewußtsein zur Chiffre für Auschwitz geworden war. Jetzt aber lautet die Konnotation geradezu assoziativ: Arbeitslosigkeit[2].

Die Theoretiker sprechen angesichts des gegenwärtigen Wirtschaftswachstums bei dennoch sinkenden Beschäftigungszahlen, der „jobless growth", von „la fin du travail"[3], wobei das eher ein europäischer Gedanke ist, wie allein schon der

---

[1] Matthes, Joachim (Hg.): Krise der Arbeitsgesellschaft? Frankfurt/M. 1983. - Honecker, Martin: Die Krise der Arbeitsgesellschaft und das christliche Ethos. In: Z. f. Theol. u. Kirche 80 (1983), S. 204ff.
[2] Krug, Hans-Jürgen: Arbeitslosenliteratur. Eine Bibliographie (= Hamburger Beiträge zur Germanistik 13). Frankfurt/M. 1990. - Moser, Johannes: Jeder, der will, kann arbeiten. Die kulturelle Bedeutung von Arbeit und Arbeitslosigkeit (= Materialien zur Arbeiterbewegung 65). Wien 1993.
[3] Rifkin, Jeremy: Das Ende der Arbeit und ihre Zukunft. Frankfurt/M. 1995, ³1996 (frz. 1990). - Höge, Helmut: Berliner Ökonomie (= Zeitgeschehen 13). Berlin 1996. - Goebel, Johannes u. Clermont, Christoph: Die Tugend der Orientierungslosigkeit. Berlin 1997 [beschreibt die erzwungene Freiheit als Stimulans, um „an sich selbst arbeiten" zu lernen]. - Adam, Konrad: Flucht aus dem großen Arbeitshaus. Ökonomie, Arbeitsleben und technischer Fortschritt: Die alten Rezepte taugen nicht mehr. In: FAZ, Tiefdruckbeilage v. 28.3.1998, Nr. 74, S. 1f.

essentielle Unterschied zwischen den Begriffen Arbeit und Job nahelegt. „Der Verzicht auf Arbeit als identitätsstiftender, zentraler Wert einer menschlichen Existenz" ist z.B. für Millionen Bezieher staatlicher Mindesteinkommen in Frankreich längst Wirklichkeit geworden[4], während in anderen Ländern die Diskussion um ein „Grundeinkommen ohne Arbeit" gerade beginnt[5], desgleichen die Auseinandersetzungen um nichtbezahlte „Bürgerarbeit" (Ulrich Beck), das heißt gemeinwohlorientierte Tätigkeit als Alternativbeschäftigung[6]. Die sozialistischen Volksparteien allerorten hingegen versprechen die Schaffung hunderttausender neuer Arbeitsplätze, während Kulturkritiker die weitverbreitete verdeckte Armut von Hausfrauen und Kindern beklagen, die als vorrangige Opfer des gegenwärtigen Sozialstaates zur Zeit noch von den Ersparnissen der Großelterngeneration aus der Wiederaufbauphase unseres Landes ausgehalten werden[7]. Arbeit, wie wir sie heute kennen und verstehen, „ist eine Erfindung der Moderne"[8]. Das stimmt allerdings. Die angelsächsische Theorie nennt jenes Faktum „the fabrication of labour", wobei sich der englische Begriff durchaus von den ideologischen Auflagerungen im Deutschen stark unterscheidet[9]. So oder so, sagen die Utopisten, diese Arbeit habe noch nie frei, sondern immer schon krank gemacht. Darum wird es in unserem Zusammenhang notwendig, das gesamte Feld bisheriger Konnotationen zu sichten.

Der Volkskundler Rudolf Schenda hat schon vor einem Jahrzehnt auf den anstehenden Dekulturationsprozeß der im Zusammenhang der Moderne eingeübten „Verfleißigung" der Industrienationen hingewiesen. „Die Ware Arbeit wird feilgeboten wie überproduzierte Lebensmittel. Die Spray-Inschriften sprechen von wachsendem Unmut über die von der Realität überholte Ideolo-

---

[4] Altwegg, Jürg: Ökonomie und Horror. Frankreich entdeckt das soziale Elend und das Ende der Arbeit. In: FAZ v. 21.1.1997, Nr. 17, S. 27.
[5] Ribolits, Erich: Die Arbeit hoch? Berufspädagogische Streitschrift wider die Totalverzweckung des Menschen im Post-Fordismus (= Bildung, Arbeit, Gesellschaft 18). München 1995. Vgl. dazu die umfangreiche Rez. von Elisabeth Bockhorn in ÖZV 99 (1996), S. 523-532.
[6] „Die Zeit" v. 8.4.1998, Nr. 16, S. 14: „Beschäftigung statt Arbeit".
[7] Adam, Konrad: Frauen und Kinder zuerst. Aus der Provinz der Solidaritätsgewinnler: Der Sozialstaat und seine Opfer. In: FAZ v. 2.5.1996, Nr. 102, S. 37.
[8] Ribolits (wie Anm. 5), S. 206.
[9] Biernacki, Richard: The Fabrication of Labour. Germany and Britain 1650-1914. Berkeley/Los Angeles 1995.

gie. 'Keinen Scheiß ohne Fleiß' oder 'Die Arbeit macht euch kaputt', das ist sogar an Zürcher Wänden zu lesen. Bald werden die neuen Volkspädagogen auf den Fernsehschirmen erscheinen und uns die Notwendigkeit einer Entfleißigung mit nützlichen und süßen Faulheitsbildchen beibringen"[10].

Es kommt für wissenschaftlich nicht spezialisierte Leser meiner allgemein interessierenden Studien hinzu, daß unser kollektives Gedächtnis heute nach über einem halben Jahrhundert nicht bloß überlagert zu werden droht von aktuellen Bedrängnissen des Problems Arbeit, sondern daß nun in der dritten und der heranwachsenden vierten Generation seit Hitlers Tagen kaum noch unmittelbare familiäre Erinnerungsüberlieferungen aus jener Zeit existieren. Die meisten Menschen erfahren ihr Geschichtsbewußtsein so gut wie ausschließlich durch die Medien. Die ZDF-Staffel des Jahres 1998 „Hitlers Helfer" von Guido Knopp (u.a. Portraits von Himmler und Eichmann) setzt dem heutigen Publikum eine Gattungsmischung aus filmischer Dokumentation, nachgestellten Videoclip-Szenen, originalen Tonbandaufnahmen, Zeitzeugenaussagen von Greisen und suggestiven Sprechertexten vor. Die Kritik formuliert in ihrem Erklärungsversuch für diese neue Vermittlungsästhetik einen Gedanken, der sich auch angesichts unseres Themas in der gegenwärtigen Krise der Arbeitsgesellgesellschaft aufdrängt: „Nur weil sehr viele sehr wenig, und das auch fast alles nur im Fernsehen, erlebt haben, konnte man auf den bizarren Gedanken verfallen, das Dritte Reich und seine Helfer mit den Mitteln der Massendramaturgie interessant zu machen". Hierzu zählt jene Szene aus dem Eichmann-Teil, die ohne Not in Polen nächtens nachgedreht worden ist: „Wer in einer zeitgeschichtlichen Redaktion das Tor von Auschwitz mit Nebelschwaden versieht und Mengeles Auftritt mit Gruselmusik begleitet, vertraut nicht mehr auf die historischen Tatsachen"[11]. Was erst weiß oder will diese Gesellschaft noch von historischer Genese wissen, wenn „Arbeit für alle" an den Stammtischen ohne jeden Kontext für plausibel gilt? Dann steht es mit „Arbeit macht frei" nicht viel anders! Wir ahnen mit Jürgen Habermas, daß es im gegenwärtigen Wandel von der Industrie- zur Kommunikationsgesellschaft

---

[10] Schenda 1986, S. 101; 1989, S. 203 (zit.)
[11] Schirrmacher, Frank: Hitler nach Knopp. In: FAZ v. 18.4.1998, Nr. 90, S. 35.

nicht mehr so sehr um die Problematik fremdbestimmter Arbeit geht, sondern um das Erkennen und Überwinden fremdbestimmter Wissens- und Willensbildung aufgrund der heutigen elektronischen Medienbedingungen für eine telekommunikative Alltagspraxis.

Die Forschungslage zur KZ-Devise

Die Beschäftigung mit dem Slogan „Arbeit macht frei" hat eine Anfrage bei mir als kulturgeschichtlich arbeitendem Germanisten und Volkskundler ausgelöst. Es müsse doch zu der bekannten Devise näher informierende Literatur in großer Zahl und seit langem schon geben[12]. Das Gegenteil ist der Fall. Weder das „Wörterbuch des Unmenschen" (Dolf Sternberger u.a.)[13], noch die „Notizen eines Philologen" zur „Lingua Tertii Imperii" (Victor Klemperer)[14] haben sich damit auseinandergesetzt. Die Fachliteratur der KZ-Forschung gibt sich mit derartigen Details kaum ab[15]. Auch lemmatisierte Fachhandbücher weisen die Devise meist nicht aus, sondern registrieren nur einmal 1988 in grauer Literatur das bloße Faktum[16]. Die augenscheinliche „Banalität des Bösen", wie

---

[12] Dr. Theo Gantner, Basel, damals Leiter des Schweizerischen Museums für Volkskunde, hat mich im Anschluß an die Erinnerungsbilder zur 50jährigen Wiederkehr der Befreiung von Auschwitz zu Ende des Januar 1995 nach der Devise gefragt, weil ihm angesichts des Lagertors die „Oblaten" eines Klebealbums wieder in den Sinn kamen, für die sich einige Zeit zuvor wissenschaftlich einschlägige „Papiersammler" kaum interessiert hatten. Unsere darüber einsetzende Korrespondenz führte schließlich zu intensiven Studien für den Eichstätter Vortrag. Herrn Gantner habe ich für eine Reihe weiterer Hinweise herzlich zu danken, vor allem für die Vermittlung und Publikationserlaubnis der genannten Werbeaufkleber aus fremdem Privatbesitz.

[13] Sternberger, Dolf / Storz, Gerhard / Süskind, Wilhelm E.: Aus dem Wörterbuch des Unmenschen (1945). Neue erweiterte Ausgabe (1967). Hamburg ³1968.

[14] Klemperer, Victor: Die unbewältigte Sprache. Aus dem Notizbuch eines Philologen. „LTI". 3. unveränderte Aufl. von 1946 (= Lingua tertii imperii). Halle 1957 (danach Leipzig ¹⁵1996).

[15] Kühnrich, Heinz: Der KZ-Staat. Die faschistischen Konzentrationslager 1933 bis 1945. Berlin (Ost) 1960, mit entsprechender Propaganda-Tendenz verfaßt und verbreitet: 3. Aufl. 1983. - Kirstein, Wolfgang: Das Konzentrationslager als Institution totalen Terrors. Das Beispiel des KL Natzweiler (= Freiburger Arbeiten zur Soziologie der Diktatur 2). Pfaffenweiler 1992. - Drobisch, Klaus u. Wieland, Günther: System der NS-Konzentrationslager 1933-1939. Berlin 1993, Abb. von Buchenwald S. 271. Erwähnung der Devise von Dachau ebenfalls als bloßer Tatsache S. 290, obgleich das heutige Tor von Sachsenhausen mit „Arbeit macht frei" den Buchumschlag ziert und auf S. 266 nochmals erscheint. - Sofsky, Wolfgang: Die Ordnung des Terrors: Das Konzentrationslager. Frankfurt am Main 1993, mit einem Abschnitt „Grenze und Tor", S. 70-79 ohne die Devise.

[16] Brackmann, Karl-Heinz u. Birkenhauer, Renate: NS-Deutsch. „Selbstverständliche" Begriffe und Schlagwörter aus der Zeit des Nationalsozialismus (= Europäisches Übersetzer-Kollegium Straelen. Glossar Nr. 4). Straelener Manuskript Verlag 1988, S. 20: „Arbeit macht frei: Spruch über den Eingangstoren von KZs (Auschwitz, Dachau, Sachsenhausen, Flossenbürg)". - Mit genaueren Belegstellen und Erstnachweisen zu „Arbeit" bis „Arbeitsspende" vgl. Berning, Cornelia: Vom „Abstammungsnachweis" zum „Zuchtwart". Vokabular des Nationalsozialismus. Berlin 1964, 14-21, jedoch kein Bezug auf „Arbeit" im KZ. - Nichts bei Wulf, Joseph: Aus dem Lexikon der Mörder. „Sonderbehandlung" und

Hannah Arendt ihre Beobachtungen beim Eichmann-Prozeß genannt hat[17], scheint wenig forschungswürdig, obgleich das kunstgewerblich geschwungene Schriftband „Arbeit macht frei" über dem Haupttor von Auschwitz zum Bildtopos der Publizistik geworden ist als medienwirksamem Verweisstück. Der Spruch wird daher zu Recht auch andernorts vermutet, aber niemand weiß es im allgemeinen so genau. Jeder hat es irgendwo schon vorgeführt bekommen. Was aber nun sucht der Kulturwissenschaftler an diesem Faktum mit „Herkunft und Hintergrund"? Es ist der Indizcharakter von Wort- und Realienfunden, in unserem speziellen Falle von unscheinbaren Werbeaufklebern, die ethnologisch vermessen werden wollen, d.h. auf ihre kulturellen, sozialen und funktionalen Zusammenhänge zu befragen sind. An sich „Bagatellen", in sich allein „Unbedeutendes" wird zum treffsicheren Ausgangspunkt für Tiefenlotungen[18]. Es hat in Deutschland lange gedauert, bis sich eine wissenschaftliche Erforschung der KZ-Wirklichkeit mit öffentlicher Kenntnisnahme etablieren konnte. Die heutigen internationalen Aufgeregtheiten um die sogenannte Auschwitz-Lüge zielen auf ganz spezielle gegenwärtige politische Reaktionen, denen wir hier nicht nachgehen müssen[19]. Wichtiger scheint mir festzustellen, daß es wider alle Antifa-Propaganda der deutschen Kommunisten auf diesem Felde[20] zunächst und zwar sofort nach 1945, verfolgte Katholiken und ihre Kirche waren, die mit Hilfe der eigenen Martyrer die Realität von Dachau und der

---

verwandte Worte in nationalsozialistischen Dokumenten. Gütersloh 1963. – Enzyklopädie des Holocaust. Die Verfolgung und Ermordung der europäischen Juden, hg. v. Eberhard Jäckel, Peter Longerich, Julius H. Schoeps. 3 Bde. Berlin 1993 (Tel. Aviv, hebr. 1989, engl. 1990, hg. v. Israel Gutman), führt die Devise weder als Lemma, noch im Register.

[17] Arendt, Hannah: Eichmann in Jerusalem. A report of the banality of evil. New York 1963, „ergänzte deutsche Ausgabe": Eichmann in Jerusalem. Ein Bericht von der Banalität des Bösen. München 1964, 9. Aufl. 1995 „Mit einem Essay von Hans Mommsen". – Busche, Jürgen: Lektion über Verruchtheit. Hannah Arendts Skandalwort von der „Banalität des Bösen". In: Geisteswissenschaften (FAZ v. 17.9.1997, Nr. 216), S. N6.

[18] Vgl. Scharfe, Martin: Bagatellen. Zu einer Pathogenetik der Kultur. In: Z. f. Volkskunde 91 (1995), S. 1-26.

[19] Bastian, Till: „Auschwitz und die „Auschwitz-Lüge". Massenmord und Geschichtsfälschung. München 1994. – Bailer-Galanda, Brigitte, u.a.: Die Auschwitzleugner. Mit einem Vorwort von Simon Wiesenthal. Berlin 1996.

[20] Zum Problemfeld vgl. "Antifaschismus", in: Eppelmann, Rainer / Möller, Horst / Nooke, Günter / Wilms, Dorothee (Hgg.): Lexikon des DDR-Sozialismus (= Studien zur Politik 29). Paderborn 1996, S. 54-58. – Zur Geschichtsklitterung über Verhalten und Bedeutung der KP-Anhänger in den KZs vgl. erste Lit. unten in Anm. 51.

übrigen KZs laut bekanntgemacht haben[21]. Mir selbst ist die Torinschrift „Arbeit macht frei" aus der vielfältigen Literatur über den Heiligen von Auschwitz, Pater Maximilian Kolbe OfmConv (1894-1941), geläufig[22]. Der in Franken und Wien in der Alserkirche schon früh verehrte Minorit und römische Doktor der Theologie wohnte im Februar 1930 im Franziskanerkloster Würzburg, als er bei Koenig & Bauer die erste Rotationsdruckmaschine für das geistliche Pressezentrum seiner „Militia Immaculatae" in Niepokalanów kaufte[23]. Er konnte gut Deutsch in Wort und Schrift und war selbst ein unermüdlicher Arbeiter und Organisator, so daß ihm die Devise von Auschwitz, zumal als Franziskanermönch, zu denken gegeben haben dürfte. Für Franz von Assisi bedeutet die Fähigkeit mit der Hand zu arbeiten eine Gnade, doch solle dies das Seelenleben ebensowenig ersticken wie der Müßiggang. Zum Armutsideal gehört die Spiritualität der „devotio", der Ergebenheit in Gott[24]. Nicht anders bei „Josef dem Arbeiter", der diesen Ehrentitel und das entsprechende kirchliche Fest nach sechzig Jahren päpstlicher Andachtsförderung am 1. Mai 1955 erhalten hat, um damit den „Kampftag der Arbeit", seit 1890 von der sozialistischen Internationale begangen, und den nationalsozialistischen „Tag der nationalen Arbeit" zu konterkarieren[25].

---

[21] Z.B. Kogon 1946 oder Neuhäusler 1960. – Daxelmüller, Christoph: Zum Beispiel: „Konzentrationslager". Skizzen zu einer ungewöhnlichen Vermittlungsform. In: Jb. f. Volkskunde 18 (1995), S. 11-28. Im Mittelpunkt stehen die KZ-Exempel des Katechesen Josef Fattinger: Kirche in Ketten. Innsbruck 1949. – Vgl. dazu Brückner, Wolfgang: Fünfzig Jahre nach Auschwitz und Dachau. In: ebd., S. 7-9. – Priester unter Hitlers Terror. Eine biographische und statistische Erhebung, bearbeitet v. Ulrich v. Hehl u.a. (= Veröff. d. Kommission f. Zeitgesch. A/37). 3. wesentlich veränderte u. erweiterte Aufl. 2 Bde. Paderborn 1996.

[22] Lesch, Franz Xaver: Der Selige Maximilian Kolbe. Held von Auschwitz. Hauteville 1974, S. 54, Abb. oben. – Ders. u. Sehi, Meinrad: Pater Maximilian Kolbe. Würzburg 1982, S. 38, Abb. links oben. – Zur Maximilian-Kolbe-Verehrung als volkskundlichem Phänomen zeitgeschichtlicher Bewußtseinsprägung der KZ-Realität vgl. erste Bemerkungen in verschiedenen Aufsätzen und Vorträgen von mir, die demnächst zusammengeführt werden sollen (Wundertätige Medaille, Polnische Volkskunst, Ikonographie des Häftlings).

[23] Seine Anwesenheit zur Vertragsunterschrift im Würzburger Franziskanerkloster belegt das Firmarchiv von Koenig & Bauer. Im Würzburger Kloster kursieren unterschiedliche (falsche) Daten. – Trassati, Sergio u. Grieco, Gianfranco: P. Maximilian Kolbe. Ein Heiliger unserer Tage. St. Ottilien 1982, S. 63, Abb. der Maschine von „Koebau-Würzburg".

[24] Hardick, Lothar u. Grau, Engelbert (Hgg.): Die Schriften des heiligen Franziskus von Assisi (= Franziskanische Quellenstudien 1). Werl ⁸1984, S. 121, 169, 184, 218, Kommentar: S. 260f., 303-306.

[25] Korff, Gottfried: Heraus zum 1. Mai. In: Dülmen, Richard van u. Schindler, Norbert

Heute braucht hinter den zumeist schmiedeeisernen „Schmuckzeilen" in, an oder über Lagertoren niemand mehr zu suchen als sie vordergründig darstellen: Eine zynische Schurkerei. Doch die symbolischen Botschaften des Alltags pflegen in der Regel tiefere Bedeutungen zu besitzen und stehen meist prototypisch für ein ganzes kulturelles System und seine Denkformen. Ihre moralische Bewertung im konkreten Gebrauchszusammenhang mag zwar evident sein, aber sie beantwortet nicht die hier zu stellenden kulturwissenschaftlichen Fragen. Ich fasse diese in vier Kapiteln zusammen: 1. Die rekonstruierbaren Fakten. – 2. Die unmittelbare Herkunft der Devise. – 3. Der geistesgeschichtliche Hintergrund. – 4. Die völkische Perversion.

Die rekonstruierbaren Fakten der KZ-Wirklichkeit

Wladyslaw Bartoszewski, derzeit [= 1995] polnischer Außenminister, Friedenspreisträger des Deutschen Buchhandels 1986, Guardinipreisträger der Katholischen Akademie in Bayern 1995 und vor fast zehn Jahren Gastprofessor auf dem Otto-von-Freising-Stiftungslehrstuhl der Katholischen Universität Eichstätt, der also hier an diesem Katheder 1985/86 gelehrt hat, schreibt in seinen 1983 erstmals veröffentlichten „Erinnerungen" (soeben wieder abgedruckt zusammen mit der Rede vor dem Deutschen Bundestag zum 8. Mai 1995) über seine Einlieferung in das Konzentrationslager Auschwitz im September 1940, damals 18jähriger Abiturient mit guten Schulkenntnissen im Deutschen:

„An einem späten Septembertag sind wir, schon bei Dunkelheit, in Auschwitz angekommen. Es gab noch nicht das Lager Birkenau mit der Rampe. Auf freiem Feld sozusagen, nicht weit vom Eingangstor des alten Lagers entfernt. Wir mußten von oben springen ob alt oder jung. Hundegebell. Es wurde geprügelt, geschlagen. „Schnell, schnell", das waren die ersten deutschen Worte, die ich hörte. Im Laufschritt nach vorne. Und dann gingen wir zum Tor.

(Hgg.): Volkskultur. Frankfurt am Main 1984, S. 246-281. – Düding, Dieter / Friedemann, Peter / Münch, Paul (Hgg.): Öffentliche Festkultur. Politische Feste in Deutschland von der Aufklärung bis zum Ersten Weltkrieg. Reinbek b. Hamburg 1988, hier bes. S. 332-372 (Edith Lerch).

– So komisch es klingt, dieses Tor gab uns Hoffnung. Denn da stand: 'Arbeit macht frei'. Aha, es ist also ein Arbeitslager. Gut. Immerhin. Vielleicht eine Fabrik. Ach, die Deutschen haben solche erfinderische Parolen: Arbeit macht frei. Dabei war das erste Krematorium nur ein paar Schritte von dieser Aufschrift entfernt. Aber der Schornstein hat uns noch in unseren Erwartungen bestärkt: Da läuft etwas, da ist Betrieb. Ein Kamin, das heißt Arbeit. Niemand wußte, daß wir in Auschwitz waren. Wir kamen ja praktisch auf freiem Felde an"[26]. Das war das Stammlager, das in einer k. und k. österreichischen Kaserne des einstigen Galiziens gerade eingerichtet wurde. Bartoszewki ist mit der niedrigen KZ-Nr. 4427 einer der frühesten Häftlinge gewesen. Sein Landsmann Maximilian Kolbe, acht Monate später eingeliefert, bekam im Mai 1941 schon die Nr. 16670, die heute sein Heiligenattribut geworden ist[27].

Der von 1938 bis 1945 in NS-Gewahrsam und KZ-Haft in Buchenwald interniert gewesene katholische Publizist Eugen Kogon hat 1946 die früheste Beschreibung des Systems der deutschen Konzentrationslager verfaßt: „Der SS-Staat". Dort schreibt er: „Wer von der Außenwelt durch den Kommandaturbereich in ein solches Lager eingeliefert wurde, für den stand über dem Tor Dantes Inferno-Inschrift 'Durch mich geht's ein zur Stadt der Schmerzerkorenen ... Laßt, die ihr eingeht, alle Hoffnung fahren'. – Statt dessen trug das Tor des KL Dachau die Aufschrift: 'Arbeit macht frei!', und über dem Tor von Buchenwald stand: 'Recht oder Unrecht – mein Vaterland!'"[28]

---

[26] Bartoszewski, Wladyslaw: Es lohnt sich, anständig zu sein. Meine Erinnerungen. Mit der Rede zum 8. Mai. Mit einem Nachwort hg. v. Reinhold Lehmann (= Herder Spektrum 4449). Freiburg/Br. 1995, S. 40f, – zuvor: Freiburg 1983. – Ders.: Erlittene Geschichte und unsere Zukunft. In: Bujak, Adam (Hg.): Auschwitz Birkenau. „Eine Erinnerung, die brennt, aber sich niemals verzehrt". Freiburg 1989, S. 69-84. – Ders.: Das persönlich Erlebte unter nationalsozialistischer und kommunistischer Diktatur 1939-1989 in Polen. In: Lübbe, Hermann (Hg.): Heilserwartung und Terror. Politische Religionen des 20. Jahrhunderts (= Schriften d. Katholischen Akademie in Bayern 152). Düsseldorf 1995, S. 75-93.
[27] Lechner, Gregor Martin: KZ-Nummer. Das Heiligen-Attribut des 20. Jahrhunderts bei Max Kolbe. In: Jb. d. Vereins f. christl. Kunst 11 (1980), S. 116 -132.
[28] Kogon, Eugen: Der SS-Staat. Das System der deutschen Konzentrationslager. München 1946, erw. ³1948 (28. Aufl. 1994), zit. nach der Ausgabe München 1974, S. 55. – Weitere Studien im Prozeßgutachten für die Frankfurter Auschwitz-Verhandlungen 1964 zusammengefaßt bei Broszat, Martin: Nationalsozialistische Konzentrationslager 1933-1945. In: Anatomie des SS-Staates, II. Olten u. Freiburg 1965, S. 9-160. – Hacket, David A. (Hg.): Der Buchenwald-Report. Bericht über das Konzentrationslager Buchenwald bei Weimar. München

Der italienische Schriftsteller Primo Levi (1919-87), der die meiste Zeit seines Lebens als promovierter Industriechemiker in seiner Heimatstadt Turin gearbeitet hat, ist im Februar 1944 nach Auschwitz deportiert worden. Körperlich und seelisch für immer verletzt, versuchte er in seinem Erstlingswerk von 1947 „Ist das ein Mensch?" die Schrecken der im KZ erlittenen Zwangsarbeit literarisch zu bewältigen. Dort heißt es zur Ankunft im Lager lapidar: „Dann blieb der Lastwagen stehen, man erkannte ein großes Tor und darüber die grell beleuchtete Schrift (die mich noch heute in meinen Träumen bedrängt): ARBEIT MACHT FREI"[29]. – In den Reflexionen von 1986, ein Jahr vor seinem Freitod, über „Die Untergegangenen und die Geretteten" erinnert sich der Autor im Kapitel „Der Intellektuelle in Auschwitz" an das Buch „Grenzen des Geistes" von Jean Améry, der fast zur gleichen Zeit 1944 aus der belgischen Emigration nach Auschwitz-Monowitz, dem Außenarbeitslager für die IG-Farben, verbracht worden war und die dortige Arbeitsfron als „Entwürdigung" beschrieben hat[30]. Primo Levi stellt seine eigenen Erfahrungen daneben:

„Ich erinnere mich noch genau an meinen ersten Arbeitstag auf der Baustelle der Buna-Werke ... Der 'zivile' Vorarbeiter, dem wir zugeteilt waren, war nur für eine befristete Zeit da. Er war Deutscher, schon in vorgerücktem Alter und machte den Eindruck eines anständigen Menschen. Unsere Ungeschicklichkeit brachte ihn ernsthaft aus der Fassung. Als wir versuchten, ihm zu erklären, daß kaum einer von uns jemals eine Schaufel in der Hand gehalten hatte, zuckte er ungeduldig mit den Schultern: Verflixt noch mal, wir waren schließlich Häftlinge in Sträflingskleidung und Juden dazu. Jeder mußte arbeiten, denn 'Arbeit macht frei'. Stand es etwa nicht so über dem Lagereingang geschrieben? Das war kein Witz, das war Ernst. Also gut, wenn wir nicht zu arbeiten verstanden, dann mußten wir es eben lernen. Waren wir etwa keine Kapitalisten? Das geschah uns recht: heute mir, morgen dir. Einige von uns

---

1996.

[29] Levi, Primo: Se questo e un uomo (1947). Turin 1958, deutsch: Ist das ein Mensch? München 1961, 1991, Taschenbuch-Ausgabe, München (1992) ³1994, S. 22, Kap. „Die Arbeit", S. 76-83. – Zur Person s. Enzyklopädie des Holocaust 1993, II, S. 857f.

[30] Améry, Jean: Jenseits von Schuld und Sühne. Bewältigungsversuche eines Überwältigten. München 1966, Stuttgart 1977.

begehrten auf und erhielten die ersten Schläge ihrer Laufbahn von den Kapos, die die Gegend dort inspizierten. Andere verloren den Mut. Wieder andere (darunter ich) ahnten verschwommen, daß es keinen Ausweg gab und die beste Lösung die war, mit Schaufel und Hacke umgehen zu lernen. Im Unterschied zu Améry und anderen fühlte ich mich freilich durch die manuelle Arbeit nicht übermäßig gedemütigt: offenbar war ich noch nicht 'intellektuell' genug"[31].

Sehr viel später noch hat ein literarisch ungeübterer, damals jugendlicher Häftling seine Erinnerungen an Auschwitz notiert. Tibor Wohl war achtzehn Jahre alt, als er am 10. Oktober 1941 nach Theresienstadt kam und am 26. Oktober 1942 von dort nach Auschwitz transportiert wurde. Über die Ankunft im neuen Lager erinnert er sich folgendermaßen: „Nach kurzem Marsch sahen wir Wachttürme und Stacheldrahtzäune mit Schildern: 'Vorsicht Hochspannung' und Totenköpfe. Ein breites Tor mit der Aufschrift 'Arbeit macht frei' durchschritten wir ohne Mißtrauen. Wir waren schon in Theresienstadt an schwere Arbeit gewöhnt, und von Auschwitz hatten wir nie etwas gehört"[32].

Die Tochter der Dichterin Elisabeth Langgässer, Cordelia Edvardson (geb. 1929), die als Teenager ebenfalls über Theresienstadt 1943 nach Auschwitz kam, benutzt in ihren literarischen Verarbeitungen die Lagertor-Devise lediglich topisch-topographisch. Ihr Zitat steht für das Lager[33]. So hatten es die Erfinder auch gemeint. Wolfgang Sofsky formuliert 1993 treffend: „Das Torhaus war ein schlichtes, sachliches Gebäude, als Architektur kaum des Blickes wert, aber als sozialer Ort war es das Symbol der Lagermacht, ihr Monument"[34].

Somit ist in unseren Tagen „Arbeit macht frei" ganz allgemein zu einem literarischen Topos des KZ-Gedenkens deutscher Dichter geworden und wird

---

[31] Ders.: Die Untergegangenen und die Geretteten. München 1990 (ital. 1986), S. 134, 135.
[32] Wohl, Tibor: Arbeit macht tot. Eine Jugend in Auschwitz. Frankfurt/M. 1990, S. 18f., Zitat S. 19.
[33] Edvardson, Cordelia: Gebranntes Kind sucht das Feuer. München 1986 (schwed. Originalfassung Stockholm 1984), TB München 1989, ³1991, hier S. 45 u. 83. – Dies.: Die Welt zusammenfügen. TB München 1991 (schwed. 1988). – Auf beide Titel hat mich Wolfgang Mieder, Vermont, aufmerksam gemacht.
[34] Sofsky 1993, S. 70-79: „Grenze und Tor", hier S. 79.

auch von amerikanischen Schriftstellern in deutscher Sprache zitiert[35]. 1988 hat auf dem „Steirischen Herbst" in Graz, fünfzig Jahre nach der Entstehung von Text und Melodie des sogenannten Dachau-Liedes von Jura Soyffer († 1939 in Buchenwald) mit dem Titel „Arbeit macht frei", dessen Weltpremiere der Urfassung durch den seinerzeitigen Komponisten Herbert Zipper stattgefunden[36]. Im gleichen Jahre 1988 erschien von Anja Lundholm der „Bericht einer Überlebenden" des Frauenlagers Ravensbrück mit dem auf die dortige Haupttorinschrift anspielenden Titel „Das Höllentor", worin die Autorin einen imaginären Chor singen läßt: „Feuer macht frei"[37]. – Bei den Wiener Festwochen im Mai 1995 gab es in jiddischer, englischer und deutscher Sprache vom Theaterzentrum Akko in Israel eine sogenannte „Wiener Fassung" des Theaterstücks zu sehen: „Arbeit macht frei. Vom Toitland [= Todesland] Europa", wozu in der Ankündigung der Leitreim von David Maayan stand: „Wir öffneten das Tor. Wir öffneten es weit. / Es war die Hölle und das war

---

[35] Der germanistische Sprichwort- und Redensartenforscher an der University of Vermont in Burlington (USA) Wolfgang Mieder hat mir 1997 freundlicherweise sein gesammeltes Material darüber zur Verfügung gestellt: Dennis Schmitz (geb. 1937) Gedicht „Arbeit Macht Frei" (= 'Work sets you free' – inscription on the gate at Auschwitz), in: 19 New American Poets of the Golden Gate, ed. by Philipp Dow. San Diego 1984, S. 132f. – Das Gedicht 'Libertà a Dachau' des Italieners Mirco Giuseppe Camia (geb. 1925) zitiert „Arbeit macht frei" am Gittertor in der zweiten Strophe; s. in: Heiser 1993, S. 242f. – 'Reichshauptstadt' von Guntram Vesper (geb. 1941): Ich hörte den Namen Jessenin. Frühe Gedichte. Frankfurt am Main 1990, S. 85. – 'Vergangenheitsbewältigung' von Gerhard Uhlenbruck, in: Wenig, Heike (Hg.): Im Lebensgarten der Gefühle. Dorsten 1996, S. 172. – Käufer, Hugo Ernst: Ohne Erinnerung hat die Zeit kein Gesicht. Gedichte aus zwanzig Jahren. München 1997, S. 99: Zitat ''Meine Kindheit'' (über das ''Außenkommando Buchenwald in Annen''). – Bruhn, Waltrud: Graf – Adern – Fragmente. Gedichten / Gedichte. Hamburg 1997, S. 104f.: ''Arbeit macht frei''.

[36] Melacher, Karl: Das Lied im österreichischen Widerstand. Funktionsanalyse eines nichtkommerziellen literarischen Systems (= Materialien zur Arbeiterbewegung 44). Wien 1986, S. 106-111. – Über die Entstehung des Dachau-Lieds. Mit Herbert Zipper sprach Wilhelm Zobl. In: Österreichische Musik Zeitschrift 1988, H. 12, S. 666-676. – Cummins, Paul F.: Dachau Song. New York u. Bern 1992. – Ders.: Musik trotz allem. Herbert Zipper. Von Dachau um die Welt. Wien 1993. – Fackler, Guido: Jazz/Unterhaltungsmusik im nationalsozialistischen Lagersystem. Phil. Diss. Freiburg 1997 (noch ungedr.). – Letzterem habe ich die Kenntnis der übrigen Literatur zu verdanken (9.6.1995). – Entstehungsgeschichte und weiterführende Literatur sowie der Text abgedruckt unter Jura Soyffer (1912-1939) bei Heiser, Dorothea (Zusammenstellung und Kommentar): Mein Schatten in Dachau. Gedichte und Biographien der Überlebenden und der Toten des Konzentrationslagers. Mit einem Vorwort von Walter Jens, hg. v. Comité international de Dachau. München 1993, S. 64-68.

[37] Lundholm, Anja: Das Höllentor. Bericht einer Überlebenden. Mit einem Nachwort von Eva Demski. Reinbek b. Hamburg 1988 (TB 1991), S. 83.

die Arbeit"³⁸. – Das ZDF zeigte am 13. Juni 1995 von 0.00-1.30 Uhr einen Film über diese israelische Theaterwerkstatt Balagan, welche die Orginalfassung des Stücks über den Holocaust, „Arbeit macht frei", aufführte. Darin wurden zugleich die staatsideologischen Auswirkungen auf das Verhältnis von Israelis und Palästinensern selbstkritisch reflektiert[39].

Die Chronologie des Anbringens der Devise muß heute mit Hilfe der Gedenkstätten-Erinnerung zu rekonstruieren versucht werden[40]. Sie sieht nach meiner bisherigen Kenntnis wie folgt aus: Zuerst in Dachau, dem ohnehin frühesten, von Himmler als Münchner Polizeichef schon am 22. März 1933 zu errichten begonnenen Konzentrationslager[41]. Die Torinschrift entstand offensichtlich mit

---

[38] Umfangreicher Prospekt der „Wiener Festwochen" 1995, S. 28, mit Abb. des schmiedeeisernen Tores von Dachau. – Dazu Rezension von Bettina Steiner in „Die Presse", Wien, 6./7. Mai 1995: „Andere Bildermacht" mit der Beschreibung einzelner Szenen des Stücks. Frdl. Mitt. Judith Orschler, Münster/W.

[39] Zwei Jahre zuvor auf Anregung des ZDF als Dokumentarfilm entstanden durch den Berliner Andres Veiel: „Balagan", 1993. Weitere zwei Jahre zuvor gab es ein Gastspiel der Truppe aus Akko mit „Arbeit macht frei" in Berlin und Hamburg. Darüber referierte seinerzeit „Der Spiegel" 16/1994, S. 186 (18. April 1994).

[40] Matz, Reinhard: Das Verschwinden der Vergangenheit im Gedenken. Reinbek b. Hamburg 1993. (Mit jeweils einem Photo des – soweit noch vorhandenen – KZ-Haupttores im heutigen Zustand). – Puvogel, Ulrike u. Stankowski, Martin: Gedenkstätten für Opfer des Nationalsozialismus. Eine Dokumentation. 2. überarb. u. erw. Aufl., Bd. I [= Alte Bundesrepublik Deutschland]. Bonn 1995 (¹1987).

[41] Die früheste Information der Nachkriegszeit stammt von dem in Dachau inhaftierten gewesenen späteren Weihbischof von München Johann Neuhäusler († 1973): Wie war das im KZ Dachau? Ein Versuch, der Wahrheit näherzukommen. Dachau 1960, 18. Aufl. 1986. – Hausberger, Karl: Das Konzentrationslager. In: Schweiger, Georg (Hg.): Das Erzbistum München und Freising in der Zeit der nationalsozialistischen Herrschaft. München 1984, S. 77-135. – Von dem einstigen Häftling und späteren französischen Minister und Geschichtsprofessor, geboren in München 1918, Joseph Rovan: Geschichten aus Dachau. Stuttgart 1989 (frz. 1987), TB München 1992. – Kimmel, Günther: Das Konzentrationslager Dachau. Eine Studie zu den nationalsozialistischen Gewaltverbrechen. In: Broszat, Martin u. Fröhlich, Elke (Hgg.): Bayern in der NS-Zeit. II. Herrschaft und Gesellschaft im Konflikt. Teil A. München 1979, S. 349-428. – Seit 1985: Dachauer Hefte. Studien und Dokumente zur Geschichte der nationalsozialistischen Konzentrationslager, hg. v. Wolfgang Benz und Barbara Distel im Verlag Dachauer Hefte. Bis 1995 waren von 12 Heften 6 auch als dtv-TB in München erschienen. – Die Bayerische Landeszentrale für politische Bildung veranstaltete 1993 ein Kolloquium: Didaktische Arbeit in KZ-Gedenkstätten. Erfahrungen und Perspektiven. München 1993 (136 S.). – Matz 1993, S. 195. – Distel, Barbara u. Benz, Wolfgang: Das Konzentrationslager Dachau 1933-1945. Geschichte und Bedeutung. München 1994 (63 S.). – Rump, Hans-Uwe/Vieregg, Hildegard u.a.: Das Unbegreifliche begreifen. Rundgang durch die KZ- Gedenkstätte Dachau 1995 (120 S.). – Schaeper-Wimmer, Sylvia (Hg.): Zeitzeugenberichte ehemaliger Häftlinge des Konzentrationslagers Dachau. München 1997.

dem Eingangsgebäude im Zuge von Erweiterung und Ausbau des Lagers in den Jahren 1937/38[42], was mit der Entstehung des oben zitierten Dachau-Liedes 1938 korrespondiert. Es folgten das von Dachau aus begründete Oberpfälzer Flossenbürg 1938/39[43], dann frühestens 1939 Sachsenhausen, das als Oranienburg 1936 in unmittelbarer Nähe nördlich der Reichshauptstadt gegründet, bald zum Musterlager und 1938 zur zentralen Leitung aller KZs ausgebaut wurde[44]. Schließlich kam die Devise sofort mit der Gründung 1940 in Auschwitz über das Tor des neuen Stammlagers[45], während wir bei den übrigen, ebenfalls erst im Kriege errichteten oder erweiterten Lagern nur ungenaue Hinweise besitzen wie für Ravensbrück (1939/40)[46] oder heute gar zweifelhafte wie die gemalte

---

[42] Rump/Vieregg, Das Unbegreifliche 1995, S. 37ff.: „Das Jourhaus" und „Arbeit macht frei", jedoch ohne genaue Angaben. Frau Barbara Distel, die Leiterin der KZ-Gedenkstätte Dachau setzt den Bau des Eingangsbereichs für 1937/38 an (15.5.1995), Drobisch/Wieland 1993, S. 271, nennen für den Neubauplan den 28.6.1937.

[43] Für erste Mitteilungen danke ich Herrn Rainer Ehm von der „Arbeitsgemeinschaft ehem. KZ Flossenbürg e.V.", Regensburg und Prof. Dr. Eberhard Dünninger, München. - Siegert, Toni: Das Konzentrationslager Flossenbürg. Gegründet für sogenannte Asoziale und Kriminelle. In: Broszat/Fröhlich 1974 II, 1979, S. 429-493. - Rump Hans-Uwe/Vieregg, Hildegard u.a.: Erinnern statt Vergessen. Rundgang durch die KZ-Grab- und Gedenkstätte Flossenbürg. Museumspädagogisches Zentrum München 1995. - Gedenkstättenpädagogik. Handbuch für Unterricht und Exkursion. MPZ München 1997. - Literarische Bezeugung bei Stern, Mark u. Alcoff, Isabell: Rückkehr nach Flossenbürg. Erinnerung eines Überlebenden des Holocaust. Aus dem Amerikanischen von Eva Bauernfeind. Viechtach 1995, S. 47: „Das Schild über dem Eingang verkündete ironisch: Arbeit macht frei".- Ein Zeitungs-Foto aus der Frühzeit des Lagers zeigt die Inschrift am, von außen gesehen, linken steinernen Pfosten als aufmontierte Granitplatte. Das Gittertor befand sich am Eingang zum Appellplatz (Kopie durch Herrn Ehm). Reste davon sind heute an anderem Ort in der Gedenkstätte aufgestellt.

[44] Das heutige Tor ist nicht mehr original, die typographische Anordnung der Inschrift gegenüber zeitgenössischen Aufnahmen 1961 bei der Rekonstruktion für die Gedenkstätte der DDR verändert, worauf heute in den Führungen aufmerksam gemacht wird, da der im Museum vorgeführte Film mit Originalaufnahmen die ursprüngliche Ansicht der Toranlage zeigt; so auch das Umschlagbild von Drobisch/Wieland 1993, u. S. 266; heute ist die Schrifteinteilung eine andere und zwar nach dem Vorbild von Dachau gestaltet mit dem Wort „Arbeit" allein in der oberen Zeile und den Worten ''macht frei'' in der unteren Zeile. In der Gedenkstätte Sachsenhausen ist kein Originalfoto vorhanden.

[45] Höß nach Broszat 1958, S. 68, Anm. 2. - Levis Text (zu o. Anm. 29) auch abgedruckt in der Übersichtspublikation mit nützlicher „Zeittafel" bei Adler, H.G. / Langbein, Hermann / Lingens-Reiner, Ella (Hgg.): Auschwitz. Zeugnisse und Berichte. Frankfurt/M. 1962, Kalendarium S. 367-386.

[46] Lundholm 1988, S. 19 u. 255 als selbstredend am „Doppeltor" vorhanden angesprochen; S. 244: „vor dem Tor, von dem sich die Eisenlettern 'Arbeit macht frei' in drohendem Schwarz vom dunklem Himmel abhoben". Das entspricht der ebenfalls spät notierten Erinnerung von Schwester Theodolinde (Katharina) Katzenmaier OSB: Ein Stück Lebensgeschichte. Vom KZ in Kloster. St. Ottilien 1996, S. 51 u. 60: „Arbeit macht frei" über dem Eingang von

Torbogensupraporte zum Zellentrakt der kleinen Festung in Theresienstadt[47]; inzwischen auch an anderen Gedenkstätten wie im schlesischen Groß-Rosen „rekonstruiert"[48].

Dabei kommt jenem Text eine Schlüsselstellung zu, der sich in Dachau auf den Dachziegeln der steinernen Wirtschaftsgebäude vor dem Appellplatz gemalt befand und der vorgebildet ist in Programmtexten für den Reichsarbeitsdienst[49]. Er ist später für den Besuch des Reichsführers der SS Heinrich Himmler im August 1939 auch auf dem Appellplatz von Sachsenhausen angebracht worden[50]. Der Lagerälteste, der Kommunist Harry Naujoks, berichtet dazu über

---

Ravensbrück. Sie wurde dort eingeliefert am 21./22.10.1943. Auf S. 59 befindet sich eine Zeichnung der Autorin aus dem Jahre 1986, die „einen" KZ-Eingang skizziert, dabei jedoch in allen Details erkennbar ein Foto von Auschwitz nachmalt. Deshalb lautet die dazugehörige Notiz: „Neben einer siebenmeterhohen Mauer: so im KZ Ravensbrück". - Ebenfalls aus eigenem Erleben in Ravensbrück von 1940-45 berichtet Margarete Buber-Neumann in ihrem Buch über „Milena. Kafkas Freundin. Ein Lebensbild". München 1977, 4. Aufl. (= Ullstein TB 30248). Frankfurt am Main 1994, S. 235-313. Hier ist zwar vom „Arbeitseinsatz" die Rede, nirgends aber von der Devise. - Allgemein vgl. Arndt, Ino: Das Frauen-Konzentrationslager Ravensbrück. In: Studien zur Geschichte der Konzentrationslager (= Schriftenreihe der Vierteljahrsschrift für Zeitgeschichte 21). Stuttgart 1970, S. 93-129.
[47] Abb. Matz 1993, S. 60. - Abb. auch bei Hartmann, Erich: Stumme Zeugen. Photographien aus Konzentrationslagern. Gerlingen 1995. Beim Besuch des deutschen Bundespräsidenten 1995 in den Fernsehberichten zu sehen gewesen. Heute offenbar immer wieder erneuert. Eine Dokumentation des Originalzustandes scheint es nicht zu geben. Die große Monographie des Jahres 1955 über Theresienstadt erwähnt nichts davon, s. Adler, Hans Günther: Theresienstadt 1941-45. Das Antlitz einer Zwangsgemeinschaft. Geschichte, Soziologie, Psychologie (= Civitas Gentium o. Nr.). 2. verb. u. ergänzte Aufl. Tübingen 1960; das 31 Seiten umfassende Glossar enthält zehn Begriffe von Arbeiter bis Arbeitszentrale, nicht aber die Devise. - Der 1942 von Theresienstadt nach Auschwitz gebrachte Tibor Wohl registrierte offenbar erst dort die ihm zunächst harmlos scheinende Torinschrift; s. unser Zitat zu oben Anm. 32.
[48] Matz 1993, S. 175. - Der deutlich rekonstruierte Eingangsbereich stammt von 1983, worüber jedoch die eindringliche Dissertation aus der Universität Stuttgart keine nähere Auskunft gibt; vgl. deren Umschlagfoto mit erkennbarer großer Inschrift „Arbeit macht frei" an der Stirnfront des Torbaus auf der Mauer über den Gittertüren bei Sprenger, Isabell: Groß-Rosen. Ein Konzentrationslager in Schlesien (= Neue Forschungen zur schlesischen Geschichte 6). Köln 1996, S. 316: „Auf dem Gelände des bei der Räumung im Februar 1945 weitgehend zerstörten Lagers hat der polnische Staat 1983 ein Museum zum Gedenken an die Groß-Rosener Opfer geschaffen".
[49] Rump/Vieregg 1995, Abb. S. 32, dazu Auflösung der Lettern S. 36. - Vgl. u. im Anhang den Text von 1932 zur Arbeitsdienstpflicht als Programmpunkt der NSDAP.
[50] Winters, Peter Jochen: Sachsenhausen. Die drei Kapitel des Konzentrationslagers. In: FAZ Tiefdruckbeilage v. 24.4.95, Nr. 100, o. S. - Der Autor, Berliner und einstiger DDR-Korrespondent, war Berichterstatter des Frankfurter Auschwitz-Prozesses 1964.

seine Zeit in Sachsenhausen von 1936-42 wie folgt: „Im Sommer 1939 wird auf den Stirnwänden von Block 4 und 9 je eine große Holzplatte angebracht, auf der ein Ausspruch Himmlers zu lesen ist: 'Es gibt einen Weg zur Freiheit. Seine Meilensteine heißen: Gehorsam, Fleiß, Ehrlichkeit, Ordnung, Sauberkeit, Nüchternheit, Wahrhaftigkeit, Opfersinn und Liebe zum Vaterland'. – Einige Tage später mußten wir einige Häftlinge zusammenholen. Sie erhielten die ersten, eben eingeführten blau-weißgestreiften Sommeranzüge aus Drillich und die Anweisung, sich zum Fotografieren vor Block 9 aufzustellen. In den neuen KZ-Uniformen mit dem Rücken zur Kamera wurden sie dann so aufgenommen, daß der Himmler-Spruch mit aufs Bild kam. Die Nazipresse veröffentlichte das Foto, ich habe eins in einer Illustrierten gesehen. Im Frühjahr 1940 wurde die gesamte Inschrift auf die Stirnseite der 18 Baracken des ersten Ringes aufgemalt. Das Wort 'Liebe' stand ausgerechnet an der Stirnwand von Block 11, in welchem die Strafkompanie untergebracht war und die Mordlust der SS täglich Menschenopfer forderte. Die in den Himmlerschen 'Meilensteinen' verborgene Heuchelei wurde nicht nur von den Gefangenen erkannt. SS-Leute wiesen die Zugänge [das waren die Neuen] auf den Spruch hin, zeigten auf den Schornstein des Krematoriums und sagten: 'Es gibt einen Weg zur Freiheit, aber nur durch diesen Schornstein!'"[51].

Die "Meilensteine" sind ein drittes Mal – allerdings nur indirekt – belegt und zwar für Auschwitz durch ein Ölgemälde des Jahres 1949 von Wladislaw Siwek: "A penal unit return from work"[52]. Die Strafkompagnie zieht in Form einer persiflierten Karfreitagsprozession ins Lager ein, vorbei an dem niedrigen,

---

[51] Naujoks, Harry: Mein Leben im KZ Sachsenhausen 1936-1942. Erinnerungen des ehemaligen Lagerältesten. Bearbeitet von Ursel Hochmuth, hg. v. Martha Naujoks und dem Sachsenhausen-Komitee für die BRD. Köln 1987, S. 135f., Abb. S. 136. Die abweichende DDR-Ausgabe (die letzte Berlin 1989) gibt es in der Gedenkstätte noch zu kaufen. Die Gesamtdarstellung dieses Parteiberichts eines Kommunisten ist kritisch zu befragen (vgl. o. Anm. 20 u. 44) wie die neueren Arbeiten zu jener Antifa-Literatur zeigen; vgl. Niethammer, Lutz (Hg.): Der 'gesäuberte' Antifaschismus. Die SED und die roten Kapos von Buchenwald. Dokumente. Berlin 1994. – Overesch, Manfred: Buchenwald und die DDR oder Die Suche nach Selbstlegitimation (= Slg. Vandenhoeck). Göttingen 1995.

[52] Davon ein Großfoto im Staatlichen Museum Auschwitz und eine Abb. bei Swiebocka, Teresa: Auschwitz. A History in Photographs. (Selbstverlag des Staatlichen Museums Auschwitz) Oswiecim 1995 (aus dem Polnischen übersetzt und erstmals in englischer Sprache publiziert in Bloomington 1993), S. 236.

quergelagerten, breiten Dach des Küchenblocks, auf dessen Blechschindeln der gesamte deutsche Text in großen Buchstaben aufgetragen ist. Diese Dachauer Darbietungsform für den Appellplatz hat – genau wie dort – keinerlei literarische Bezeugungen gefunden, dürfte also ebenfalls nicht lange zu sehen gewesen sein. Dem quellenkritischen Einwand, hier könne möglicherweise ein Stück künstlerischer Freiheit in der Verdichtung mit anderen Lagererfahrungen vorliegen, widerspricht das frühe Entstehungsjahr des Auschwitzer Gemäldes und die Aufnahme einer Reproduktion in das objektivierende Museumskonzept durch den ersten Direktor, der ein einstiger Häftling aus der Bevölkerung von Auschwitz war. Bei Museumsführungen wird sogar behauptet, daß "später" die Schlußworte "und Liebe zum Vaterland" entfenrt worden seien. Dies deutet auf konkrete Mitteilungen von Zeitzeugen hin, anders als die in Deutschland erzählte Anekdote, einer der Buchstaben von "Arbeit macht frei" am Haupttor sei aus Protest verkehrt herum eingeschweißt worden. Dies bezieht sich auf den Buchstaben B mit seinem ausladenderen Oberteil. Ein Gedicht von Waltrud Bruhn (Hamburg 1997) artikuliert "dieses Kopfsturz geschweißte Schmiedehammer-B" als "häuptlings im Untergrund steckend, die Wahrheit bezeichnet und schreit, sowie alle, die starben".

Die durchgängige Kennzeichnung der Häftlinge durch Ärmelabzeichen und ihre entsprechenden Baracken- und Blockzuordnungen läßt das vermeintliche Umerziehungsprogramm ablesen[53]. Politische Gegner und notorische Kriminelle als früheste Hauptgruppen, Asoziale und Homosexuelle, sowie Zeugen Jehovas als gesellschaftlich leicht ausgrenzbare Minderheiten; zusätzlich rassisch-völkische Kennzeichnung der Juden, Polen, Tschechen: alles für sogenannte Schutzhäftlinge in den Arbeitslagern, nicht zu verwechseln mit den Vernichtungslagern zur sogenannten „Endlösung der Judenfrage", vornehmlich im Generalgouvernement Polen zwischen Herbst 1941 und November 1944. Flossenbürg/Oberpfalz wurde 1938 zunächst alleine für „Asoziale und Kriminelle" eingerichtet und erhielt darum sogleich die Devise „Arbeit macht frei" als Granittafel am Steinpfosten des Zauntores.

---

[53] Am einfachsten abzulesen am System der „Häftlingswinkel", die zu erkennbaren Kategorisierung der gestreiften Kleidung aufgenäht wurden. Dazu siehe eine Originaltafel im Museum Dachau bei Rumpp/Vieregg, 1995, Abb. in Farbe S. 20.

Das heute in der mehrfach veränderten Gedenkstätte Sachsenhausen erst wieder rekonstruierte Lagertor trug ebenfalls die Verkürzung auf die Essenz des am Appellplatz monumentierten bürgerlichen Tugendkanons, das: „Arbeit macht frei"[54]. Als Formulierung für die angeblichen Erziehungsabsichten der Lager muß diese Devise nicht von Himmler persönlich stammen, aber die aufgelisteten Forderungen gehören zu den Minima Moralia der völkischen Ideologen und verwandter Kampftruppen, aus deren Reihen der Erfinder der SS und ihrer Elitevorstellungen kam. Hierher gehört zuvorderst der „Bund Artam", ein völkischer Arbeitsdienst, über dessen Arbeitsbegriff unten genauer zu handeln sein wird[55]. Heinrich Himmlers (1900-1945) Herkommen aus München, sein Bildungsgang und seine Persönlichkeitsstruktur beschäftigen die Historiker unentwegt, weil so vieles davon auf den ersten Blick nicht zusammenpassen will nach den landläufigen Vorstellungen von einem diktatorischen Massenmörder[56]. Kleinbürgerlicher Bürokrat ohne jedes Charisma hat man ihn genannt; Schullehrertyp mit okkulten Marotten[57]; Gernegroß von „verblüffendem Mangel an Realismus" (Joachim Fest). „Himmlers Unbeteiligtsein basierte auf seinem völligen Unvermögen, Theorie und Praxis zu vereinen. Seine Schergen vertraten eine brutal realistische Lebensauffassung, während für Himmler alles Theorie war – er lebte in seinen Akten, hatte Menschenleben auf Karteien registriert und gab sich dem Wahn hin, wer nicht seinen Rassebegriffen entspreche, werde von selbst verschwinden oder von der ganzen Härte des Gesetzes getroffen werden"[58].

---

[54] Wie o. Anm. 44 u. s. unsere Abb.
[55] Kater, Michael H.: Die Artamanen. Völkische Jugend in der Weimarer Republik. In: HZ 213 (1971), S. 577-638.
[56] Frischauer, Wille: Himmler. The Evil Genius of the Third Reich. London 1953. – Fraenkel, Heinrich u. Manvell, Roger: Himmler. Kleinbürger und Massenmörder. Berlin 1965 (Originalausgabe engl.). – Smith, Bradly F.: Heinrich Himmler. A Nazi in the Making 1900-1926. Stanford 1971 (dt. 1979); zum Artamanen-Aufenthalt S. 158-161; zur Leseliste des jungen Himmler gehörte Carlyles Schiller-Buch (S. 178). – Wykes, Elan: Reichsführer SS Himmler. München 1981 (engl. 1972). – Padfield, Peter: Himmler. Reichsführer-SS. London 1990 (TB 1991). – Breitmann, Richard: Himmler und die Vernichtung der europäischen Juden. Paderborn 1996 (engl. 1991).
[57] Fraenkel/Manvell 1965, S. 71. – Breitmann 1996, S. 28. – Harmening, Dieter: Himmlers Hexenkartei. Ein Lagebericht zu ihrer Erforschung. In: Jb. f. Volkskunde NF 12 (1989), S. 99-112. – Freund, René: Braune Magie? Okkultismus, New Age und Nationalsozialismus. Wien 1995.
[58] Wykes 1981, S. 88.

Insofern paßt die relativ kleine Dachauer Inschrift als eher ästhetische Zierde des schmiedeeisernen Tores zu den theoretischen Überzeugungen Himmlers und seinem schulmeisterlichen Bildungshintergrund, dessen Rhetorik aus Sinnsprüchen bestand, z.b. auf den Dolchen der SS: „Meine Ehre heißt Treue". An seinem 35. Geburtstag, dem 7.10.1935, führte er eine Gruppe prominenter Besucher durch sein erstes Konzentrationslager Dachau[59]. Noch aber gab es dort jene kunstvolle Doppeltür im besonderen Torgebäude nicht.

Die Artamanen-Jugend wurde 1927 als „meist radikal, nationalsozialistisch eingestellt" charakterisiert[60]. Von Anfang an, also 1924, hatten sich nämlich zahlreiche NS-Anhänger dem „Bund Artam" angeschlossen; ihr Anteil wird auf 80% geschätzt[61]. Himmlers aktive Teilnahme gehört ideenmäßig in den Umkreis seines Landwirtschaftsstudiums an der Technischen Hochschule München ab 1919 und der Verbindung zu seiner späteren Frau, die er 1926 kennenlernte und 1928 heiratete. Sie war die Tochter eines ehemaligen westpreußischen Gutsbesitzers[62]. Der schließlich in zwei Gruppen gespaltene „Bund Artam" hörte 1934/35 auf zu existieren. Reichsjugendführer Baldur von Schirach formulierte 1934: „Es ist kennzeichnend, daß die einzige reale bündische Organisation, der Bund der Artamanen, Pionierarbeit für den Nationalsozialismus leistete und sich ganz dem Dienst am Werk Adolf Hitlers verschrieb. Seine Führer wurden nationalsozialistische Kämpfer, seine Organisation ging in der HJ auf. Die Artamanen dienen einer Idee, die ein Teil des Nationalsozialismus ist, die Bünde hingegen sind ein Stück Vergangenheit"[63], will sagen: die bündische Jugend insgesamt.

Der Diplomlandwirt Heinrich Himmler stand seit 1927 mit der Artamanen-Bundesführung in Verbindung, wurde 1929 als Gauführer von Bayern bestätigt, drei Wochen nach der Ernennung zum Reichsführer der SS durch Hitler[64]. 1934 hat sich Himmler aus dem Kameradenkreis der Artamanen den späteren

---

[59] Ebd., S. 102.
[60] Kater, 1971, S. 611. – Ansonsten vgl. Smith (wie Anm. 56), S. 159-161.
[61] Kater 1971, S. 613.
[62] Breitmann 1996, S. 23f.
[63] Kater 1971, S. 621.
[64] Kater 1971, S. 623.

Aufbaukommandanten von Auschwitz nach Dachau geholt: Rudolf Höß (1900-47)[65]. Dieser, gleichaltrig mit Himmler, stammte aus Baden-Baden, war Sohn eines Kolonialoffiziers und hatte am Schluß des Weltkrieges als Kavallerist teilgenommen. Er wollte Berufssoldat bleiben, wurde aber völkischer Freischärler in Ostpreußen und im Baltikum. Bei einem Treffen des radikalantisemitischen Freikorps Roßbach in München trat er 1922 der jungen NSDAP bei. Dem Freikorps Roßbach in Ostpreußen gehörte auch der gleichaltrige Kriegsfreiwillige Martin Bormann (1900-1945) an, der zwar erst 1927 der NSDAP beitrat, jedoch ab 1941 Leiter der Parteikanzlei und Hitlers schrecklicher Schatten bis in beider Tod wurde[66]. Höß und Bormann waren am sogenannten Fememord eines kommunistischen Mitkämpfers beteiligt und zu Zuchthausstrafen verurteilt worden, Höß zu zehn Jahren. Er saß davon die Hälfte 1923-28 ab. Seit 1929 war er aktiver Artamane, 1934 „Vorsitzender des Bundesrates" jener Gruppe, die damals der NS-„Reichsnährstand" unter Richard Walter Darreé absorbierte. Dieser war Verfasser des Buches „Blut und Boden", einem Grundgesetz des Nationalsozialismus (1936). Im selben Jahr 1934 wurde Höß nach einem halben Jahr Anwärterschaft vom September 1933 an in die SS aufgenommen[67]. Nach vier Jahren Dienst in Dachau kam er am 1.8.1938 in das KZ Sachsenhausen und erhielt die Position eines Adjutanten. Damit war er eine Art Geschäftsführer oder Behördenvorsteher der Verwaltung neben dem Kommandanten und in dieser Funktion auch zuständig für die Exekutionen. Er mußte sie organisieren und persönlich leiten. Er dürfte daher die Anbringung der Inschriften auf dem Appellplatz in Sachsenhausen mitentworfen haben und also auch die Leitdevise „Arbeit macht frei". Von Sommer 1940 an bis Ende 1941 hat er dann als Aufbau-Kommandant von Auschwitz die Anbringung der dortigen Tor-Überschrift persönlich veranlaßt, wie es seine eigenen Aufzeichnung aus der polnischen Untersuchungshaft indirekt belegen. Sein Dienstgrad als SS-Obersturmbannführer entsprach damals dem eines Oberstleutnants[68].

---

[65] Biographie Höß in: Enzyklopädie des Holocaust 1993, II, S. 626f.
[66] Wulf, Josef: Martin Bormann. Hitlers Schatten. Gütersloh 1962. - Lang, Jochen von: Der Sekretär. Martin Bormann, der Mann, der Hitler beherrschte. Stuttgart 1977 (1980).
[67] Kater 1971, S. 629f.
[68] Höß, Rudolf: Kommandant in Auschwitz. Autobiographische Aufzeichnungen. Eingeleitet und kommentiert von Martin Broszat (= Quellen und Darstellungen zur Zeitgeschichte 5). Stuttgart 1958 (dtv 1963).- KL Auschwitz in den Augen der SS. Höss, Broad, Klemm. Verlag

In seinen Aufzeichnungen berichtet er über seine Erfahrungen als Block- und Rapportführer 1934-38 in Dachau, als Adjutant (1938) und Schutzhaftlagerführer (1939) in Sachsenhausen sowie Gedanken über das eigene Erlebnis von Gefangenschaft im Zuchthaus Brandenburg 1923 bis 1928: „Die Arbeit nimmt im Leben des Gefangenen einen breiten Raum ein. Sie kann dazu dienen, ihm sein Dasein erträglicher zu gestalten, sie kann aber auch zu seinem Untergang führen. Jedem gesunden Gefangenen, in normalen Verhältnissen, ist die Arbeit ein Bedürfnis, eine innere Notwendigkeit. Notorischen Faulenzern, Tagedieben und sonstigen asozialen Schmarotzern allerdings nicht, die können ganz gut ohne Arbeit weitervegetieren ohne die geringsten seelischen Schmerzen ..."[69].

„Wohl ist die Arbeit in Strafhaft und KL Pflicht, Zwang. Doch leistet im allgemeinen jeder Gefangene bei richtigem Einsatz freiwillig Beachtliches. Seine innere Zufriedenheit hierüber wirkt sich auf seinen ganzen Zustand aus. Wie umgekehrt die Unzufriedenheit mit der Arbeit ihm auch sein ganzes Dasein zur Last werden lassen kann ...". „Ich kann wohl mit Fug und Recht behaupten, daß ich weiß, was arbeiten heißt, und daß ich Arbeitsleistung wohl abzuschätzen vermag. Mit mir selbst zufrieden war ich stets nur, wenn ich ein gutes Stück Arbeit vollbracht hatte ...". „Selbst in Untersuchungshaft in Leipzig, wo ich reichlich Ablenkungen hatte, durch die Untersuchung selbst, durch die reichhaltige Post, durch die Zeitungen, durch Besuche, – fehlte mir die Arbeit. Ich bat schließlich darum, und es wurde mir genehmigt. Ich klebte Tüten. Wenn dies auch eine reichlich eintönige Arbeit war, es war doch eine Beschäftigung, die einen großen Teil des Tages voll ausfüllte und mich zu einer bestimmten Regelmäßigkeit zwang. Ich hatte mir freilich ein festes Muß

---

des Staatlichen Auschwitz-Museums 1973. [Enthält nur die sich auf Auschwitz beziehenden Teile, jedoch im Kommentar oft zusätzliche Informationen aus anderen Protokollen]. – Der Kommandanten-Dienstgrad eines SS-Obersturmbannführers entsprach der Beamtenposition eines Oberregierungs- und Kriminalrates der Polizei, bei der Waffen-SS dem Rang eines Oberstleutnants; Blockführer war hingegen eine Funktionsbezeichnung, nämlich dem Kompaniechef entsprechend, der Scharführer (Unteroffiziersränge) befehligte. Er unterstand dem Rapportführer, der wiederum weisungsgebunden abhängig vom Lagerführer war, dem eigentlichen „Gebieter der Häftlinge" (Höß). Der Adjutant stand dem Kommandanten direkt zur Seite.

[69] Ebd., S. 62; desgl. die folgenden Zitate.

auferlegt – und das war das wesentliche dabei ...". „Gerade in der jetzigen Haft vermisse ich so sehr die Arbeit. Wie dankbar bin ich für die aufgegebenen Schreibarbeiten, die mich voll und ganz ausfüllen ...".

„Ich habe mit vielen Mitgefangenen im Zuchthaus und ich habe dann im KL mit vielen Häftlingen besonders in Dachau über die Arbeit gesprochen. Alle waren davon überzeugt, daß das Leben hinter Gittern, hinterm Draht, auf die Dauer ohne Arbeit unerträglich, ja die schlimmste Bestrafung sei. Die Arbeit in der Gefangenschaft ist nicht nur ein wirksames Zuchtmittel, im guten Sinne, indem sie den Gefangenen dazu anhält, sich selbst in Zucht zu halten, um so besser den niederziehenden Einwirkungen der Haft Widerstand leisten zu können. Sie ist auch ein Erziehungsmittel für Gefangene, die an und für sich haltlos sind, für solche, die einer Gewöhnung zu Stetigkeit und Ausdauer bedürfen, und für diejenigen, die durch die segensreiche Wirkung der Arbeit dem Verbrechertum noch entrissen werden können. – Dies oben Gesagte hat aber alles nur Gültigkeit in normalen Verhältnissen. So ist auch die Devise: „Arbeit macht frei" zu verstehen. Es bestand die feste Absicht Eickes [erster Kommandant in Dachau]: Diejenigen Häftlinge, gleich welcher Sparte, die durch dauerhafte, fleißige Arbeitsleistung aus der Masse hervorstachen, zur Entlassung zu bringen auch wenn Gestapo und Reichskriminal-Polizeiamt gegenteiliger Ansicht waren. Es sind auch so einige Fälle zustande gekommen. Durch den Krieg wurde aber die gute Absicht zunichte"[70].

Der Herausgeber Martin Broszat merkt dazu an: „Damit hatte es eine besondere Bewandtnis. Höß ließ den Spruch 'Arbeit macht frei' später in Metall-Buchstaben in der Form eines Spruchbandes über dem Tor zum Stammlager Auschwitz anbringen. Er blieb auch 1945 erhalten und gilt heute, nach der Umwandlung der erhalten gebliebenen Teile des KL Auschwitz in eine Gedenkstätte, als ein – oft photographiertes – Zeugnis des Zynismus der einstigen SS-Herrschaft in Auschwitz. An Höß' Darlegungen wird freilich ersichtlich, daß ihm das Organ dafür fehlte, das Zynische dieses 'Sinnspruches' über dem Eingangstor zum KL Auschwitz nachzuempfinden, sondern daß er es

---

[70] Höß 1958, S. 63.

mit ihm in seiner beschränkten Denk- und Empfindungsweise bis zu einem gewissen Grade ernst meinte"[71].

Die unmittelbare Herkunft der Devise als ausformuliertem Sinnspruch

Rudolf Höß war jedoch nicht der Erfinder der Devise und dies gerade weil er sie „bis zu einem gewissen Grade ernst meinte". Dann aber bleibt zu fragen, aus welcher literarischen oder ideologischen Tradition das Dictum stammt und ob es nur vordergründig im Sinne von Beschäftigungs- und Läuterungstherapie gedacht war, sozusagen menschenfreundlich, wie es der Kommandant von Auschwitz nachträglich verstanden wissen wollte. Unser Ergebnis vorwegnehmend, läßt sich sagen, die Devise „Arbeit macht frei" ist zweimal neu erfunden worden, nämlich 1872 und 1922 und beide Male in verwandtem ideologischen Umkreis. Das erste Mal war es ein Buchtitel ohne erkennbare Öffentlichkeitswirkung. Als Abdruck in der Wiener „Presse" (später „Neue Freie Presse", noch später „Reichswehr") erschien vom 17.8.-24.9.1872 die „Erzählung" von Lorenz Diefenbach: „Arbeit macht frei", dann als Buch gedruckt im Verlag J. Kühtmann's Buchhandlung zu Bremen 1873[72].

In einer komplizierten bürgerlichen Liebesgeschichte wird ein Spieler, Wechselbetrüger und Urkundenfälscher wieder auf den rechten Weg gebracht. Er bekennt zum Schluß: „Ich werde für meine Vergehen gegen die Gesellschaft, gegen das zum allgemeinen Wohle gegebene Gesetz gezüchtigt"[73]. Die Lehre lautet: „Fassen Sie den festen Entschluß, wenn Sie die Freiheit erlangen, ihrer würdig zu werden, indem Sie arbeiten. Damit ist alles gesagt; nur die Arbeit kann Sie noch innerlich freimachen. Was wir dann zur Förderung ihrer Arbeit beitragen können, werden wir thun"[74].

---

[71] Ebd., S. 63, Anm. 1.
[72] Den Hinweis verdanke ich der Aufmerksamkeit meiner Würzburger Kollegin Irmgard Scheitler, Eichstätt (4.6.1996).
[73] Diefenbach, Lorenz: Arbeit macht frei. Bremen 1873, Kap. XVIII, S. 297.
[74] Ebd., S. 300.

Der Autor Lorenz Diefenbach, geb. 1806 in Ostheim/Hessen, gest. in Darmstadt 1883, stammte aus alter Pfarrersfamilie und wurde selbst zunächst evangelischer Pfarrer. Ab 1865 war er Frankfurter Stadtbibliothekar, da er 1845 in Offenbach die erste süddeutsche Gemeinde der Deutschkatholiken gegründet und sich damit von seiner Kirche getrennt hatte[75]. Politisch betätigte er sich als Abgeordneter des Frankfurter Vorparlaments, wissenschaftlich als Verfasser eines noch heute geschätzten mittelalterlichen Glossars[76]. Damals notierte Diefenbach: „Nun nichts mehr als ein Dichter"[77]. Der sogenannte Deutschkatholizismus entstand ab 1844 im Anschluß an die Trierer Heilig-Rock-Ausstellung als „Allgemeine christliche Kirche", gefördert von „liberalen und völkischen Kreisen". Ab 1846 auch in Österreich als „Freikatholizismus" bekannt, fand die Gruppe später Anschluß an „Freie protestantische Gemeinden" und endete schließlich 1921 im antireligiösen „Volksbund für Geistesfreiheit"[78]. Der Wiener Publikationsort im Jahre 1872 paßt jedenfalls zur freireligiös-deutschnationalen Gesinnung des Autors. In diesem Umfeld sollte fünfzig Jahre später am gleichen Ort die Devise endgültig zünden, jedoch ohne direkte Verbindung zu ihrem ersten Auftauchen, das offensichtlich keinerlei direkte Nachwirkungen besaß.

Man pflegt ein Diktum, einen Sinnspruch, in den einschlägigen Handbüchern der geflügelten Worte, sprichwörtlichen Redensarten, Aphorismen und Zitate zu suchen – oder auch im „Deutschen Wörterbuch" der Brüder Grimm. „Arbeit macht frei" findet sich dort nirgends, auch nicht der Romantitel von 1872 und ansonsten kaum Verwandtes. Selbst die für Sprichwortkonstruktionen umfassend informierenden Werke von „Wander" und „Röhrich" versagen[79].

---

[75] ADB 47, 1909, S. 677ff. – NDB 3, 1957, S. 640f.
[76] Diefenbach, Lorenz: Glossarium Latino-Germanicum Mediae et Infimae Aetatis. Frankfurt am Main 1957, Reprint Darmstadt 1968, ²1977.
[77] ADB 47, 1909, S. 677.
[78] RGG III, 1958, Sp. 104-108 u. 168-112; LThK ²III, 1959, Sp. 279; ³III, Sp. 176. Heute noch in Berlin, Prenzlauer Berg, Lychener Str., der Pappelfriedhof des „Humanistischen Verbandes Deutschlands" (1994), in der Tradition der 1845 hier ansässigen „Deutschkatholischen Gemeinde". Die Torinschrift lautet: „Schafft hier das Leben gut und schön / Kein Jenseits ist, kein Auferstehen". – Bahn, Peter: Deutschkatholiken und Freireligiöse. Geschichte und Kultur einer religiös-weltanschaulichen Dissidentengruppe, dargestellt am Beispiel der Pfalz (= Studien zur Volkskultur in Rheinland-Pfalz 10). Mainz 1991.
[79] Wander, Karl Friedrich Wilhelm: Deutsches Sprichwörterlexikon. 5 Bde. Leipzig 1867-

Allein populär geworden ist – bezeichnenderweise auf Vereinsfahnen – aus Schillers „Lied von der Glocke" des Jahres 1799, im Musenalmanach auf das Jahr 1800 publiziert, die Sentenz: „Arbeit ist des Bürgers Zierde". Weniger bekannt wurde aus Goethes „Schatzgräber": „Und wer nicht richtet, sondern fleißig ist / Wie ich bin und wie du bist / Den belohnt auch die Arbeit mit Genuß / Nichts wird auf der Welt ihm Überdruß"[80]. Hingegen hat die Uminterpretation von Goethes Logengedicht „Symbolon" des Jahres 1815 im Jahre 1866 durch den „schottischen Mystagogen" und Puritaner Thomas Carlyle (1795-1889) in seiner Antrittsvorlesung als Rektor der Universität Edinburgh im 20. Jahrhundert in Deutschland großes Echo gefunden. Goethes Schlußzeile: „Wir heißen Euch hoffen" ersetzte Carlyle durch die Worte : „Work and despair not". Die Übersetzung: „Arbeiten und nicht verzweifeln" machte der Verleger Langewiesche in Düsseldorf 1902 zum Titel einer weit verbreiteten deutschen Werkauswahl des in Mitteleuropa einflußreichen britischen Sozialpropheten Carlyle[81].

Am deutschen Idealismus geschult, verband er vornehmlich im Geiste Schillers Zivilisationskritik mit Fortschrittsglauben. Er ist durch seine Mischung aus Heldenverehrung, Antisemitismus und Demokratieabneigung zu einer Art „englischem Faschisten avant la lettre" geworden, den die Völkischen rezipierten und später die Nationalsozialisten hochhielten. In Josef Goebbels Tagebuch

---

80, Reprint Augsburg 1987, I, Sp. 115-121 s. v. „Arbeit" 169 Nummern. – Zur Konstruktion „Arbeit macht ..." (= Nr. 43-48) „aus Kieselsteinen Demant", „aus Steinen Brot", „Kraut zu Wildpret", „reich" (u. „ist aber nicht wahr, sonst wären wir Tagelöhner allesamt reiche Leute"); „weder Ochsen noch Pferde fett". Verwandte Konstruktionen: Arbeit „erhält", „erwirbt", gebiert", „gewinnt", „gibt", „hat", „hilft", „ist", „überwindet", „wirbt", „lehrt", „lobt". – Röhrich, Lutz: Lexikon der sprichwörtlichen Redensarten. Freiburg/Br. ^{5}1991, (TB 1994), I, S. 96f. s. v. „Arbeit". Der Literaturverweis auf Heilfurth, Gerhard: „Die Arbeit als kulturanthropologisch-volkskundliches Problem", erbringt insofern nichts, als es sich um das allgemein gehaltene Eröffnungsreferat des Marburger Volkskundekongresses von 1965 handelt (= Arbeit und Volksleben). Göttingen 1967, S. 1-16.

[80] Dobel, Richard (Hg.): Lexikon der Goethe-Zitate. Zürich 1968 (als TB München 1972), Sp. 25, s. v. „Arbeit".

[81] Kedenburg, Jürgen: Theologisches Geschichtsbild und theokratische Staatsauffassung im Werke Thomas Carlyles. Heidelberg 1960. – Behnken, Eloise M.: Thomas Carlyle. „Calvinist without the theology" (= University of Missouri Studies 66). Columbia and London 1978. – Kaplan, Fred: Thomas Carlyle. A Biography. Cambridge 1983. – Fasbender, Thomas: Thomas Carlyle. Idealistische Geschichtswelt und visionäres Heldenideal (= Epistemata 58). Würzburg 1989. – Heffer, Simon: Moral Desperado. A life of Thomas Carlyle. London 1995.

gehört Thomas Carlyles sechsbändige Biographie über Friedrich den Großen zu den meistzitierten Werken und bildet eine der Grundlagen für das Elaborieren des Führer-Mythos[82]. Wir werden seinem Slogan „Arbeiten und nicht verzweifeln" in engstem Zusammenhang der Benutzung von „Arbeit macht frei" wiederbegegnen und müssen uns daher schon hier der weiten Verbreitung Carlyles in Deutschland von 1902 an genauer vergewissern.

Der Verlag Karl Robert Langewiesche eröffnete damals seine erfolgreiche brevierartige Reihe von druckästhetischem Anspruch „Die Blauen Bücher" aus „Literatur und Kunst" mit dem genannten Bande „Arbeiten und nicht verzweifeln". Die Erstauflage betrug tausend Exemplare, und es mußten in den folgenden zehn Jahren 150.000 Stück nachgedruckt werden[83]. Das erste von fünf Kapiteln heißt „Arbeiten", das zweite „Nicht verzweifeln", es folgen „Männer und Helden", „Falsche Wege und Ziele", „Schweigen". Das erste Kapitel enthält 38 numerierte Passagen, aus dem Gesamtwerk zusammengelesen. Sie laufen auf das Statement hinaus: „Arbeit ist Leben"[84].

In solchen Zusammenhang gehört die der Devise „Arbeit macht frei" am nächsten kommende Formulierung in einem Gedicht jener Zeit mit dem Titel „Hymne der Arbeit". Sie ist frühestens im Todesjahr Carlyles 1889 erschienen, einzig vermerkt in Zoozmanns „Zitatenschatz der Weltliteratur" (1910 das erste Mal erschienen)[85]. Die Verse stammen von Heinrich Seidel (1842-1906), dem Schwiegervater der Ina Seidel („Das Wunschkind"), eigentlich ein erfolgreich

---

[82] Augstein, Franziska: Prophet des Vergangenen. Thomas Carlyle, schottischer Mystagoge der deutschen Romantik. In: FAZ, Tiefdruckbeilage v. 9.12.1995, Nr. 287, o.S., letzte Spalte. – Dazu vgl. die damalige Kröner-Taschenbuchausgabe (Nr. 123) von Michael Freund: Thomas Carlyle, Heldentum und Macht. Schriften für die Gegenwart. Leipzig o.J. [ca. 1932/34].

[83] Carlyle, Thomas: Arbeiten und nicht verzweifeln. Auszüge. Deutsch von Maria Kühn und A. Kretzschmar. Karl Robert Langewiesche Verlag. Düsseldorf und Leipzig o.J. [1902] benutzt: 136. bis 150. Tausend, lt. Widmung verschenkt 1913, darin ein Prospekt mit der Auflistung „Gesamtverzeichnis Januar 1912" aller Verlags-Schlager der „Blauen Bücher" zu je „Eine Mark 80 Pf.".

[84] Ebd., S. 6-52: „Arbeiten".

[85] Worauf mich Kollege Günter Hess, Würzburg, frdl. aufmerksam gemacht hat. Benutzte Ausgabe: Zoozmann, Zitatenschatz der Weltliteratur. Neu bearbeitet von Karl Quengel. 7. Ausgabe (mit Vorwort von Richard Zoozmann zur 1. Aufl. 1910) Leipzig o.J. (1935), Sp. 45-47 s.v. „Arbeit" bis „Arbeitstage", das erste von 35 Zitaten, ohne Jahresangabe.

projektierender Ingenieur, der die seinerzeit berühmte Dachkonstruktion des Anhalter-Bahnhofs in Berlin erfunden hat[86]. Er kam aus einer Mecklenburger Pastorenfamilie, und auch sein Sohn war wieder Pfarrer der Neuen Kirche am Gendarmenmarkt. Er selbst ist der Schöpfer der literarischen Figur des „Leberecht Hühnchen". Seine Hymne – sozusagen die des preußisch-protestantischen Erfolgsingenieurs – endet zu Beginn unseres Jahrhunderts: „Arbeit ist das Zauberwort, / Arbeit ist des Glückes Seele, / Arbeit ist des Friedens Haupt! ... / Nur die Arbeit kann erretten, / Nur die Arbeit sprengt die Ketten, / Arbeit macht die Völker frei!"[87]. Hier ist die seit der Jahrhundertmitte diskutierte „nationale Arbeit" gemeint, von der unten noch näher die Rede sein wird[88].

Als der fast lebenslang in Würzburg tätig gewesene erste Germanist und Wörterbuchfachmann an jener Universität Matthias Lexer (1830-92) im Jahre 1885 das Ritterkreuz des königlichen Verdienstordens der Bayerischen Krone erhielt und damit in den persönlichen Adelsstand erhoben wurde, wählte er 1886 als Wappenspruch die Devise „Arbeit gewinnt". Sein Landsmann, der heutige Klagenfurter Professorenkollege, Germanist und Schriftsteller Alois Brandstetter, hat darüber genauer nachgedacht. Er nennt es „einige Rätsel um diesen nicht eben eleganten oder eindrucksvollen Slogan", denn er paraphrasiert andere Redewendungen, könnte ein verkürztes Sprichwort sein, hat jedenfalls etwas zu bedeuten, ohne – wie Brandstetter formuliert – daß wir heute „nicht umhin können, ja uns gar nicht dagegen wehren können, daß uns nicht der zum häßlichsten Zynismus verkommene Teutonismus 'Arbeit macht frei' aufstieße wie Sodbrennen"[89].

Zwei Bereiche der Persönlichkeitsstruktur des Matthias Lexer lassen sich hier festmachen: Die Herkunft aus der Mühle von den Handarbeitern korrespondiert

---

[86] Berbig, Roland, in: Killy, Walther (Hg.): Literatur-Lexikon X. Gütersloh 1991, S. 499f.
[87] Das Gedicht ist in Heinrich Seidels Gesammelten Schriften, 17 Bde., Leipzig 1892-1901, nicht zu finden; einschlägig wären die beiden Lyrik-Bände VII. „Glockenspiel" (Aufl. 1897) u. IX. „Neues Glockenspiel" (1894); daher wohl zwischen 1901 und 1906 entstanden.
[88] Vgl. u. zu Anm. 184ff.
[89] Brandstetter, Alois: Zum Wortschatz der Müllerei in Lexers Wörterbüchern. In: Brunner, Horst (Hg.): Matthias von Lexer. Beiträge zu seinem Leben und Schaffen (= Z. f. Dialektologie u. Linguistik, Beiheft 80). Stuttgart 1993, S. 181-196, hier S. 191.

mit dem Minderwertigkeitskomplex des positivistisch schuftenden Kärrners an den Wörterbüchern, andererseits aber erscheint die steierische Heimat in fast schon völkischer Verklärung, und parallel dazu verläuft die gesellschaftliche Sozialisation im Kreis der deutschen Professorenschaft. Brandstetter formuliert: „Es ist wohl nicht verwunderlich, daß Matthias Lexer unter den Umständen seines Lebens, in Anbetracht seiner Interessen und Neigungen und vor allem bei seiner Bewunderung, ja Verehrung für Jacob Grimm, dem man sicher viel Gutes, aber kaum eine Bewunderung für das Österreichische, Habsburgische und Katholische nachsagen kann, schließlich auch seine konfessionelle Identität aufs protestantische Deutschland hin orientierte und evangelisch wurde. Sicher war er schon als Student in Graz und als Burschenschafter mit den liberalen Strömungen und der 'Los von Rom-Bewegung' bekannt geworden. So wurde er zu einem Geistesverwandten etwa Peter Roseggers, der im Herzen ja auch Protestant war oder wurde, ohne für sich den Übertritt zu vollziehen"[90]. – Wir werden auf Rosegger zurückkommen müssen.

Diese Haltung des Matthias Lexer schätzte in Würzburg sein juristischer Professorenkollege Felix Dahn ganz besonders[91]. Der Dichter des Erfolgsromans „Ein Kampf um Rom" stammte zwar aus München, war aber nach familiärer Herkunft und weltanschaulicher Prägung ein Künder germanischer Geschichtsmythen und preußischer Deutschtumspolitik an den Universitäten Königsberg und Breslau[92]. In Würzburg auf seinem ersten Lehrstuhl (1863-72) widmete er Matthias Lexer das Gedicht „Arbeit", eine den damaligen Denkmalsallegorien entsprechende Apotheose: „Dich preis' ich hoch vor allen Göttern / Dich heil'ge Arbeit, Spenderin des Friedens! ... Drei Lose sind verteilt an drei Geschlechter: / Den Göttern Seligkeit, den Toten Ruhm, / Den Menschen Arbeit ...". Dies sei „Menschlich segensreicher als Lethe", nämlich „Mit dem

---

[90] Ebd., S. 193.
[91] Brückner, Wolfgang: Deutsche Philologie und Volkskunde an der Universität Würzburg bis 1925. In: A. Lehmann u. A. Kuntz (Hgg.): Sichtweisen der Volkskunde (= Lebensformen 3, zugl. FS Gerhard Lutz). Berlin 1988, S. 33-61, hier 45f.
[92] Ders.: Der Germanenmythos bei Felix Dahn. Ein Beitrag zur Sueven-Diskusion in Portugal und Spanien. In: Koller, Erwin u. Laitenberger, Hugo (Hgg.): Suevos – Schwaben. Interdisziplinäres Kolloquium in Braga 1996 (= Tübinger Beiträge zur Linguistik 426). Tübingen 1998, S. 167-182.

Bewußtsein treu erfüllter Pflicht"[93]. Später zitierte Dahn in einem Gedicht „Der Student und sein Vater", das die Folgen akademischer Faulenzerei geißelt, Friedrich Schiller mit „Arbeit ist des Bürgers Zierde"[94].

Solche Zurechtweisungen oder Lebensmaxime tönten nicht bloß von Universitätskathedern, z.b. auch in jedem Buchtitel der Bibliothek des Hamburger Volks- und Altertumswissenschaftlers Otto Lauffer, der sich 1913 ein Exlibris mit Bienenkorb und „Labor ipse voluptas" entwerfen lies, frei zu übersetzen: „Arbeit ist mein Vergnügen"[95]. In Leipzig, einem Zentrum deutschen Wirtschaftsfortschritts der Wilheminischen Epoche, gab es signifikante Instrumentalisierungen derartiger Devisen, sprich die Umsetzung von Schreibtischideen in praktisches Wirksamwerden. Die im Münchner Stadtmuseum präsentierte und von Volkskundlern der dortigen Universität als Projekt erarbeitete Ausstellung des Jahres 1995 mit dem Titel „Die Angestellten", also zur Kultur der großstädtischen Bürowelt in der ersten Hälfte unseres Jahrhunderts, warb mit einer Einladungsabbildung, die als Foto die Schreibzentrale im Kontor einer Leipziger Firma von 1908 zeigt[96]. Hinter Reihen von Männern an hohen Pulten befindet sich über der Tür als maßgeschneiderte große Supraporte die gerahmte Parole: „Arbeit besiegt alles". In der bilderlosen Arbeitsumgebung soll die säkularisierte Losung auferbauliche Hilfe sein.

In derselben Stadt hat zwei Jahrzehnte später die „jüdische" Firma Kroch auf das als venezianischem Orologio stilisierte erste Hochhaus Leipzigs am Augustusplatz das gleiche Motto in Bronzelettern zwischen Zifferblatt und bekrönender Glocke samt Hammermännern setzen lassen: „Omnia Vincit Labor", das

---

[93] Dahn, Felix: Gesammelte Werke. 2. Serie, Bd. 6: Gedichte. Leipzig o.J., S. 385f.

[94] Wohlhaupter, Eugen: Dichterjuristen. III, Tübingen 1957, S. 285-343 (= Felix Dahn), hier S. 307.

[95] Im (Bild-)Archiv für westfälische Volkskunde, Münster, des Landschaftsverbandes als Kopie aus Böcker, Max: Der Imkerbeil. In: Archiv f. Bienenkunde 11 (1930) H. 3; frdl. Mitt. Judith Orschler, Münster/W.

[96] Die Angestellten. Eine Ausstellung im Münchner Stadtmuseum 19.5.-20.8.1995 (vgl. BBV 22, 1995, H. 2, S.113f.); dazu gleichnamiger Begleitband und die Habilitationsschrift von Burkhart Lauterbach: Beamtenvereine in deutschen Industrieunternehmen. Ein volkskundlicher Beitrag zur Angestelltenkultur zwischen 1883 und 1933 (München 1997). - Zuvor Ders.: Arbeitsalltag und Bürowelt. In: Schweiz. Archiv f. Volkskunde 86 (1990), S. 44-61.

heißt nicht Liebe, sondern Arbeit besiegt alle Schwierigkeiten"[97]. Der mit angeblichem Orginalzitat Vergils auf humanistische Traditionen anspielende lateinische Satz stellt jedoch eine – allerdings schon ältere – Verballhornung der tatsächlichen Georgica-Stelle dar, die hier in Analogie zum bekannten „Omnia vincit Amor" aus Vergils Eclogen kontaminiert worden ist[98]. Aus dem Jahre 1622 gibt es ein illustriertes Flugblatt, das die damaligen Kriegsverwüstungen des Grafen Mansfeld emblematisch durch „Labor Vincit Omnia" zu bewältigen sucht[99]. Der antike „Labor improbus" läßt sich nicht mit unserem modernen Arbeitsbegriff fassen und also unreflektiert übersetzen. Doch das ist für die Wirkungsgeschichte im 20. Jahrhundert unerheblich. Hier liegen vielmehr die unmittelbaren sprachlichen Vorbilder der KZ-Devise und jener Geist, der sie hervorgebracht hat. Meyers Konversations-Lexika z.B. popularisierten die staatliche Rechtsauffassung von „Müßiggang (= Arbeitsscheu)", und zitierten dazu den § 316, Ziffer 5, des Strafgesetzbuches von 1871, der bestimmte, daß ein „erwerbsfähiger Müßiggänger" mit bis zu sechs Wochen Haft zu bestrafen sei[100]. Der juristische Begriff dafür lautete „Arbeitserziehunghaft" für „Arbeitsunwillige", abzuleisten z.B. in einer „Korrektions- und Landesarmenanstalt"[101].

---

[97] Reinhold, Josef: Die jüdische Bevölkerungsminorität in der Wirtschaft Sachsens zwischen Reichsgründung und NS-Herrschaft. In: Sächsische Heimatblätter 43 (1997) H.1, S. 40-47, hier Abb. S. 41.
[98] Altevogt, Heinrich: Labor improbus. Eine Vergilstudie (= Orbis antiquus 8). Münster/W. 1952, S. 5f. – Die ursprüngliche Erzählform „vicit" (= hat besiegt) in Georgica I, 145 wurde schon früh in die Feststellungsform „vincit" (= besiegt) umgewandelt in Analogie zu Ecl. 10,69 desselben Dichters: „Omnia vincit Amor", was von Anbeginn eine allgemeingültig sein wollende Devise darstellt. „Labor" kann in der Georgica nicht einfach mit „Arbeit" übersetzt werden, sondern meint den Zwang zur Tätigkeit, den die Götter den Menschen aufgelastet haben (S. 10).
[99] Harms, Wolfgang (Hg.): Deutsche illustrierte Flugblätter des 16. und 17. Jahrhunderts. Bd. IV (Die Slgn. d. Hess. Landes- und Hochschulbibliothek in Darmstadt). Tübingen 1987, S. 190f.; Nr. IV, 141: „Emblema Labor Vincit Omnia". Heidelberg 1622.
[100] Z.B. in Meyers Konversations-Lexikon. 5. gänzlich neubearbeitete Aufl. 17 Bde. Leipzig 1893-97: XII (Nachdruck 1897), S. 681 u. in Meyers Lexikon in vollständiger neuer Bearbeitung. 7. Aufl. 12 Bde. Leipzig 1924-30; VIII (1928).
[101] So im preußischen Hessen-Nassau vor 1933 geheißen, ab 1949 „Landesfürsorgeheim", weiterhin mit „Korrektur"-Absichten, heute „Offene psychiatrische Anstalt"; z.B. das KZ Breitenau (1933/34), ab 1940 „Arbeitserziehungslager". – Erinnern an Breitenau 1933 -1945. Eine Ausstellung historischer Dokumente. Hg. Gesamthochschule Kassel, Fb. Erziehungswissenschaften/Humanwissenschaften. 1. Aufl. September 1982 („4. durchgesehene und ergänzte Aufl." November 1984), S. 52-54. – Richter, Gunnar (Hg.): Breitenau. Zur Geschichte eines

Wo aber taucht die Devise „Arbeit macht frei" nach der folgenlosen Verwendung als Romantitel 1872 in dieser endgültigen Fassung zum ersten Mal als popularisierte Gebrauchsformel auf? Spätestens 15 Jahre vor Dachau beim „Deutschen Schulverein" in Österreich. Das Stammbuch einer damals jungen Wiener Dame des „Deutschen Turnerbundes" (DTB) bildet das „missing link". Es handelt sich um einen musealen Zufallsfund aus Basel, dessen Einschlägigkeit es zu beweisen gilt[102]. Das Klebealbum der zwanziger Jahre enthält unter 142 Seiten, 23 mal 19 cm groß, 32 Seiten mit Widmungs-Collagen wie in einem Poesiealbum. Sie bestehen auch hier aus sogenannten Oblaten, jedoch aus keinen Scraps oder Glanzbildchen, sondern aus Reklameaufklebern in Briefmarken- oder Siegelform. Diese sind meist um das Mittelfeld in Form einer z. T. beschnittenen Werbepostkarte geordnet. Jedes der großformatigen Blätter des Albums ist mit Widmungsinschrift und Datierung versehen, bisweilen auch mit entsprechenden Stammbuchversen und zusätzlichen Spruch-Zitaten. Alle haben Wiener Schul- oder Turnkameraden beiderlei Geschlechts zu Autoren. Die gestalterische Gleichartigkeit beruht auf dem einheitlichen Klebematerial, vielleicht auch auf einem im Kreise der Freunde gemeinsam geübten Collagieren oder gar aus einer einzigen geschickten Hand, die für alle Interessenten ihre Kunstfertigkeit zur Verfügung stellte.

Die Datierungen setzen mit dem Beginn des Ersten Weltkrieges 1914 ein und reichen bis zum Jahre 1927, zum Teil verschlüsselt in den Jahreszählungen, die sich auf das Gründungsdatum des ersten DTB 1889 als einem mythischen Erneuerungsjahr 2000 beziehen, hier bis 2039, verbunden mit neudeutschen Monats- und Feiertagsbezeichnungen wie „Lenzmond" bis „Julfest" und der Turnergrußformel „Gut Heil!". Theo Gantner sieht darin ein echtes Prodigium, weil es sich um das Geburtsjahr Adolf Hitlers handelt. Allerdings zählte man auch beim „Deutschen Schulverein" bisweilen so, dann aber bezogen auf dessen Gründungsjahr 1880. Die uns interessierenden Collagen stammen aus den drei Jahren 1925-27.

---

nationasozialistischen Konzentrations- und Arbeitslagers. Kassel 1993. – Krause-Vilmar, Dietfrid: Das Konzentrationslager Breitenau. Ein staatliches Schutzhaftlager 1933/34 (= Nationalsozialismus in Nordhessen. Schriften zur regionalen Zeitgeschichte 18). Marburg 1998.
[102] Zur Herkunft s. o. Anm. 12.

Es gibt in Wien den „Deutschen Schulverein" heute noch oder wieder (seit 1953), sogar im alten Haus im 8. Bezirk, aber unter dem jetzigen Namen „Österreichische Landsmannschaft". Er ist von 1938-45 ein Landesverband des deutschen VDA gewesen[103]. Jener „Verein für das Deutschtum im Ausland", so seit 1908 benannt, war 1881 in Berlin nach dem Vorbild des nur ein Jahr zuvor in Wien begründeten „Deutschen Schulvereins" unter demselben Namen als Verein „zur Erhaltung des Deutschtums im Ausland" entstanden, 1938 gleichgeschaltet worden als „Volksbund für das Deutschtum im Ausland". Er wurde 1955 als VDA von 1908 in München wiederbegründet mit dem Ziel, deutsche Schulen finanziell zu unterstützen[104]. Die heutige „Österreichische Landsmannschaft" führt weiterhin das ursprüngliche schwarz-rot-goldene Wappenschild mit dem Vereinssignet aus Eichenlaub und halber Sonnenscheibe, residiert wieder in der Fuhrmannsgasse 18a und ist Verleger der „Eckartschriften" sowie des monatlich erscheinenden Vereinsblattes „Der neue Eckartbote. Soweit die deutsche Zunge reicht", 1998 im 46. Jahrgang. Die im intellektuellen Milieu Österreichs als „rechtsradikal" eingestufte Organisation bezeichnet sich selbst als „Schutzverein nach dem Deutschen Schulverein"[105].

---

[103] Drobesch, Werner: Der Deutsche Schulverein 1890-1914. Ideologie, Binnenstruktur und Tätigkeit einer nationalen Kulturorganisation unter besonderer Berücksichtigung Sloweniens. In: Geschichte und Gegenwart 12 (1993), S. 195-212. – Ungedruckt: Streitmann, Monika: Der Deutsche Schulverein vor dem Hintergrund der österreichischen Innenpolitik 1880-1918. Phil. Diss. Wien 1984 (masch. Aus der Sicht der heutigen „Österreichischen Landsmannschaft" geschrieben von Klemm, Walter: 90 Jahre Schutzarbeit. Zum Gründungstag 13. Mai 1880 des Deutschen Schulvereins Wien (= Eckart-Schriften 35). Wien 1970.

[104] Weidenfelder, Gerhard: VDA – Verein für das Deutschtum im Ausland. Allgemeiner Schulverein (1881-1918). Ein Beitrag zur Geschichte des deutschen Nationalismus und Imperialismus im Kaiserreich. Bern u. Frankfurt/M. 1976. – Ders.: Der VDA zwischen „Volkstumskampf" und Kulturimperialismus. In: Z. f. Kulturaustausch 31 (1981), S. 17-26. – Ders.: „Volkstumsarbeit" in der Weimarer Republik. Zur Struktur und Ideologie einer Bewegung. In: Münch, Paul (Hg.): Fremdsein. Historische Erfahrungen (= Essener Unikate. Geisteswissenschaft 6/7). Universität Essen 1995, S. 143-149. – Müller, Bernd: Von den Auswandererschulen zum Auslandsschulwesen. Ein Beitrag zur Geschichte des deutschen Nationalismus vor dem Ersten Weltkrieg. Phil. Diss. Würzburg 1995. (masch.).

[105] Die Eigenwerbung in einzelnen Heften lautet, Unterstützung „für hilfsbedürftige Altösterreicher deutscher Muttersprache in aller Welt", oder: „ ... treu der Heimat und hilfreich den Altösterreichern in den Nachbarstaaten verbunden (in Südtirol bis zum Sudetenland, über Slowenien/Untersteiermark, Kroatien, Ungarn, Rumänien, Slowakei)".

Den „Deutschen Turnerbund" gibt es ebenfalls noch heute in Wien[106]. Mitglieder sind vor allem Familien der evangelischen Mittelschule, nicht bloß deren Kinder. Das sei eine Sippenangelegenheit, sagt mir die Wiener Kollegin aus eigener Erfahrung. Nach dem Ersten Weltkrieg führte der neue „Deutsche Turnerbund 1919" für Deutsch-Österreich die „Papperl"-Form der Printpropaganda in eigener Sache weiter, parallel zu verwandten völkischen Vereinigungen, deren Siegelmarken im vorliegenden Album begegnen.

Ausgangspunkt für die Collagen waren wohl die Aufkleber aus den ersten Jahren des Krieges, wie wir sie als Medienkampagnen bei allen beteiligten Nationen der Zeit kennen, vornehmlich in Form von Postkarten und Papiersiegel-Devisen als Briefkuvertverschlüssen. Davon gibt es im Album bezeichnenderweise eine Seite mit nicht zu Widmungsblättern verwendeten Aufklebern: „Gott schütze Österreich", „Gott verläßt keinen Deutschen", „Gott strafe England", „Immer feste druff", „Glückliche Heimkehr". Nach der Neuordnung Europas durch die Siegerverträge von 1919ff. warben nun verstärkt die „Schutzverbände" mit diesem Medium weiter.

Es sind dies im Klebealbum der „Deutsche Schulverein", der „A.V." (= Alldeutscher Verband), „Deutsche Heimat", „Heimdall", „Verein Deutsches Haus in Wien", „Deutscher Volksrat für Wien und Niederösterreich", „Freie deutsche Schule", „Bund deutscher Österreicher", „Deutsch-evangelischer Bund für die Ostmark", „Deutsch-nationaler Verein für Österreich", „Deutscher Schulverein Südmark in Graz", „Verein zur Erhaltung des Deutschtums in Ungarn", „Deutscher Volksschutz für Südmähren", „Deutschvölkischer Wehrschutz für Südmähren", „Bund der Deutschen in Nordmähren", „Bund der Deutschen in Böhmen". Ihre Aufkleber sind zum Teil hundertfach zu Ornamenten verarbeitet. Darunter dominieren die des „Deutschen Turnerbundes" und die des „Deutschen Schulvereins", meist aus der „Südmark" (= Steiermark).

---

[106] Frdl. Mitt. v. Edith Hörandner, Wien, Ordinaria für Volkskunde an der Universität Graz. – In Mondsee/NÖ am Parkufer steht ein frisch renovierter Jahn-Gedenkstein des DTB mit Radkreuz von 1928. – Benda, Franz: Der Deutsche Turnerbund 1889. Seine Entwicklung und Weltanschauung (= Dissertationen der Universität Wien 216). Wien 1991.

Im Südmark-Kalender von 1919 stehen Werbesprüche am unteren Rand jedes Blattes: „Traget das Südmarkabzeichen", „Schreibet Südmark-Postkarten", „Werbet Mitglieder" und „Verwendet Wehrschatzmarken"[107]. Das sind unsere Papiersignets und Siegelmarken und die mit Kriegsparolen zum Couvertieren a la Briefmarken. Eine Sammelbüchse aus der Zeit um 1925 ist beschriftet: „Verein Südmark in Graz. Den Brüdern im bedrohten Land' warmfühlendes Herz, hilfreiche Hand"[108]. Wir haben dabei zwischen wertmäßigen Schatzmarken der Schutzbünde und bloßen Klebebildchen zu unterscheiden. Erstere leiten ihren Namen von dem eingedeutschten Begriff Fonds her und dienten der Geldbeschaffung für vaterländische Vereine, waren z.T. auch deren Beitragsmarken. Sie sind daher stets wie Briefmarken mit Wertangaben versehen, in der Regel 2 Heller oder 2 Pfennige vor der Inflation, danach höchstens fünf. Sie entsprechen (wenn auch nicht gesetzlich geregelt) der 2-Pfennig-Notopfermarke Berlin, die zwischen 1948 und 1956 in der Bundesrepublik Deutschland zusätzlich auf Postsendungen geklebt werden mußte. Die Marken ohne Wertaufdruck dienten genauso wie die Bildpostkartenserien des Deutschen Schulvereins der Verbands-, Landschafts- und Ideen-Werbung mit emblematischer Schlagwortpropaganda.

Aus der zwar kleinen, aber repräsentativen Sammlung von Schatzmarken im Berliner Museum für Volkskunde läßt sich das reichsdeutsche Angebot samt dem aus Grenzgebieten für das Jahrzehnt nach dem Ersten Weltkrieg gut rekonstruieren[109]. Offensichtlich gibt es allein zu dieser Zeit jenes Medium in solcher Breite bei den für uns einschlägigen Bünden. Auch in der Berliner Sammlung beginnen die Beispiele mit dem Weltkrieg und seinen Feldherren. Die jüngsten Stücke sind mit 1928 datiert. „Deutscher Wehrausschuß", „Volksbund Deutsche Wacht" scheinen am Anfang zu stehen. „Deutsche Heimat: Schatzmarke" mit Landschaftsbildern, „Spende für den Ostmarkenschatz" mit Bismarckbild in Uniform, „Egerländer Wehrschatz", „Deutscher

---

[107] Frdl. Mitt. Frau Mag. Eva Candussi, Graz (18.3.1996).
[108] Sach-Geschichten. Aus den Sammlungen des Österreichischen Museums für Volkskunde. Das jüngste Vierteljahrhundert 1969-1994. Sonderausstellung (= Kataloge 62). Wien 1994, S. 60 mit Abb., Erwerbung 1986.
[109] Konrad Vanja, Museum für Volkskunde SMPK, Berlin, hat sie mir frdl. zugänglich gemacht: Sig. 33 Q 2036.

Wehrschatz Mähren", „Deutsch-völkischer Wehrschatz in Südmähren", Oberschlesische Opfertage" (und zahlreiche Abstimmungswerbung), „Tirol den Tirolern", "Vaterländische Notkasse", „Volksaufklärungsspende", das waren alles Aktionsbündnisse während der Friedensverhandlungen und der Volksabstimmungen in den Grenzgebieten, danach die Organisationen von Hilfsfonds für die sogenannten Volksdeutschen in den abgetretenen Landstrichen, z.B. der „Deutsche Volksbildungsverein Barbarossabund" mit „Schatzmarke Leipzig 1924" oder der „Deutschbund" mit der Devise „Im deutschen Namen Heil" aus der Kriegszeit und letzten „Schatzmarken" aus Bayreuth 1927 und 1928. Ein germanomanischer „Deutscher Schatzmarkenverein EV Leipzig 1924" (z.B. „ ... Frieden und Freiheit / Verderben den Feinden / Walte Wodan / Der Herr der Welt") mit einem aktiven Zweigverein in Kassel und dortigen Marken: „Schutz dem deutschen Mittelstand", „Heil zum Feste", „Heil Sonnenwende", „Up ewig ungedeelt", desgleichen der österreichische „Deutsche Schulverein" mit: „Deutscher Gruß", „Heil deutschem Sieg", „Das treu deutsche Herz", „Und es wird am deutschen Wesen einmal noch die Welt genesen".

Unter den 32 Collagen des heute in Basel befindlichen Wiener Albums gibt es in zwei Arrangements der Jahre 1925/26 Aufkleber mit den Parolen: „Arbeit macht frei" sowie „Arbeiten und nicht verzweifeln", letzteres signiert mit „D. SCH. V.", ersteres bloß mit „SCH", was auch hier „Deutscher Schulverein" bedeutet, denn es handelt sich um eine zum Oval ausgeschnittene Devise einer Beitragsmarke, die in den unteren Ecken die hier fehlenden Buchstaben „D" und „V" trug, in den oberen beiden Ecken den Geldwert „5" und „K"[ronen][110]. Damit bekommen wir zugleich eine ziemlich genaue Datierung geliefert. Der Mitgliedsbeitrag betrug bis über das Ende des Ersten Weltkrieges hinaus immer 2 Kronen. Andererseits wurde die Kronenwährung nach der Inflation 1924 durch den Schilling abgelöst. Die Verwendung der Beitragsmarke im Klebealbum von 1925 stimmt also völlig mit dem Ende der Ausgabe dieser nur kurze Zeit oder wenige Jahre in Vereinsfunktion gebrauchten Beitragsmarken überein. Dennoch haben Tausende von Menschen – das heißt alle Mitglieder – davon

---

[110] Beispiele im Archiv der „Österreichischen Landsmannschaft", Wien VIII, Fuhrmannsgasse 18a.

Kenntnis bekommen.

Beide Papiersiegel sind in den alten Burschenschaftsfarben des Vereins Schwarz-Rot-Gold gehalten. Der Sinnzusammenhang ist beide Male unzweifelhaft. Es geht um Zuspruch für die nach den Friedensverträgen von Versailles und St. Germain politisch benachteiligten, vor allem aber kulturell zum Teil unterdrückten deutschsprachigen Volksgruppen in den nationalistisch agierenden Nachfolgestaaten der einstigen k. und k. Monarchie. Das Schiller-Zitat: „Was auch daraus wird, steh zu deinem Volke, hier ist dein angeborener Platz" wird auf einem der beiden Blätter zweifach unterstützt durch „Arbeit macht frei", was gewiß heißen soll: im und durch den „Deutschen Schulverein" für die deutsche Sache; nur wer sich selbst aufgibt, der ist verlassen. Es handelt sich mithin um die Verkürzung von Heinrich Seidels „Arbeit macht die Völker frei" aus Berlin um 1890 und verstanden im Sinne von „nationaler Arbeit"[111]. Der darauf gemünzte Begriff des Schulvereins lautet: „Heimatarbeit". Darum zielt hier Carlyles Devise „Arbeiten und nicht verzweifeln" in eigenen Aufklebern auf Südtirol und die Deutsch-Österreicher nach 1919. Sie ermahnen zusätzliche Aufkleber: „Helft den Südtirolern", z.B. durch den „Deutschen Schulverein". Eine vierte Sorte von Aufklebern dieser Collage textet: „Nur Mut!"

Das Dictum des „moralischen Desperados" Carlyle[112] hier wiederzufinden und also die damalige Wirkung jenes Autors bei den Völkischen bestätigt zu sehen, verstärkt die Annahme, daß genau in jenen Kreisen „Arbeit macht frei" seine endgültige Kurzfassung aus „Arbeit macht die Völker frei" erfahren haben dürfte. Langewiesches erfolgreichstes „Blaues Buch" von 1902ff. trug von Anbeginn ein Titelsignet, das zum Bilde des David mit dem Goliathkopf den Buch-Titel „Arbeiten und nicht verzweifeln" wiederholte. Beim 150. Tausend 1912 war dieses Signet von einer ovalen Punktschnur umgeben und dadurch wie ein Stempel oder ein Werbeaufkleber gerahmt. Es entspricht dem Oval von „Arbeit macht frei" der Beitragsmarke des „Deutschen Schulvereins" von ca. 1922. Damit haben wir den wahrscheinlichen Neu-Erfindungsort der Devise vor

---

[111] Vgl. u. zu Anm. 184ff.
[112] Heffer 1995 in o. Anm. 81.

uns, welche fünfzig Jahre zuvor literarisch nicht wirksam geworden war und trotz der Erstpublikation in Wien nicht bis zur deutschkatholischen Bewegung in der Steiermark (1845-69) durchdringen konnte, weil sie damals nur noch in Ausläufern existierte[113].

Arbeit meinte im neuen Zusammenhang nach dem Ersten Weltkrieg vor allem Agitation oder sogenannte Überzeugungsarbeit. 1921 trat die „Grenzland-Zeitschrift": „Deutsche Arbeit in Österreich" in ihren zwanzigsten Jahrgang. Gegründet hatte sie 1902 die „Gesellschaft zur Förderung deutscher Wissenschaft, Kunst und Literatur in Böhmen". Sie wurde zunächst bei Callwey in München verlegt, wo schon lange und weiterhin erfolgreich der „Kunstwart" erschien[114]. Dieser huldigte nach Meinung des Wiener „Alldeutschen Tagblattes" jüdischem Geist[115]. Das Organ „Deutsche Arbeit", so stets nur apostrophiert, stand „für eine hartnäckige Erziehung zur Volksgemeinschaft, für Groß- und Alldeutschland"[116]. Man begriff solche „Pflege der völkischen Arbeit" als „Kulturarbeit"[117]. Sie kam nun aus Berlin, und typischerweise erscheint Bismarck oft auf unseren Aufklebern, und zwar im Zusammenhang mit „Arbeit". Er sollte Vorbild sein, der unbeugsame „eiserne" Kanzler mit seinem Wort: „Wir Deutsche fürchten Gott, aber sonst nichts auf der Welt", ebenfalls Schwarz-Rot-Gold (!) umrandet.

Der „Deutsche Schulverein Wien" war 1880 bei seiner Gründung nicht bloß der erste jener oben in der Aufklebervielfalt schon vorgefundenen deutschnationalen „Schutzverbände" mit „nationaler Schutzarbeit", sondern er wurde später von dem behördlich bald verbotenen „Schulverein für Deutsche" (1886-89) des Georg Ritter von Schönerer unterwandert und ideologisch zu einer

---

[113] Vgl. Posch, Andreas: Die deutschkatholische Bewegung in Steiermark. In: Jb. d. österr. Leo-Gesellschaft 1928, S. 72-117; ging im „Freidenkerverein" auf.

[114] Vgl. Kratzsch, Gerhard: Kunstwart und Dürerbund. Ein Beitrag zur Geschichte der Gebildeten im Zeitalter des Imperialismus. Göttingen 1969.

[115] Die Südmark 1 (1920), S. 181.

[116] Pabst, Joseph: 20 Jahre „Deutsche Arbeit". In: Die Südmark 2 (1921), S. 36. – Sieger, Robert: Volkstum und Arbeiterschaft. In: ebd, S. 29-37.

[117] Streibel, Andreas: „Von der Alm zur Puszta". Zur Rolle völkischer Schutzvereine bei der Angliederung des Burgenlandes an Österreich. In: Burgenländische Heimatblätter 56 (1994) H. 2, S. 49-77 u. H. 3, S. 89-118, hier S. 51f., 55, 103f. u.ö.

„pangermanisch-antisemitisch-antiklerikalen" Formation des „extremen Nationalismus" gemacht. Schönerers Ideen lebten aus dem „lutherisch-germanischen, alldeutsch-bismarckschen Glauben ... an das Heil aus dem Schoße der Mutter Germania"[118]. Entsprechend stammten seine Akademiker in der Regel aus den schlagenden Burschen- und Turnerschaften an den Universitäten. Der schon erwähnte Germanenprofessor und erfolgreiche Schriftsteller Felix Dahn dichtete 1885 „Der Schulverein" und 1886 „Die Deutschen im Auslande"[119]; 1905 widmete er die Veröffentlichungen seiner volkstümlichen Vorträge über die Germanen „Meinen lieben Deutsch-Österreichern", denen er sie ein Jahr zuvor in Salzburg gehalten hatte[120]. Auch der „Alldeutsche Verband" (1891-1939) mit seinen A.V.-Signets hielt die Trias Luther, Goethe, Bismarck hoch[121]. Der „Bund der Deutschen in Niederösterreich" gab briefmarkenähnliche Aufkleber mit Portraits von Luther und Schubert aus.

Die breite Wirksamkeit dieser Fixierungen zeigt sich noch bei einem erfolgreichen nichtakademischen Sprachbildner des Deutschen in der jüngst vergangenen Nachkriegszeit. Die seit 1944 in immer neuen Auflagen über 150 tausendmal erschienene „Stilkunst" von Ludwig Reiners (*Ratibor 1896, † München 1957) huldigt dezidiert einem Sprachempfinden, das an „Luther, Goethe, Schopenhauer, Nietzsche, Bismarck, Thomas Mann" gemessen werden soll. Man hat diese „Sprachkunst" ohne „systematisch geordnete Theorie" eine „preußisch-protestantische Pleiade" genannt, „die das – ganz unberechtigte – Gefühl schafft, Ratschläge aus dem Herrenzimmer zu erhalten"[122].

Nach 1900 wurde der „Deutsche Schulverein" in Österreich zum aktivsten und mitgliederstärksten Verband des deutsch-nationalen Lagers. Er baute sich 1914

---

[118] Drobesch 1993, S. 198.
[119] Dahn, Felix: Gesammelte Werke 2. Serie, Bd. 7.: Gedichte. Leipzig o.J., Abt. „Fünfte Sammlung" [= Nationales und Zeitgeschichtliches]. „Dem Andenken Bismarcks und Moltkes zugeeignet", S. 594f. u. S. 595.
[120] Ders.: Die Germanen. Volkstümliche Darstellungen aus Geschichte, Recht, Wirtschaft und Kultur. Leipzig 1905, das Widmungsblatt, es ist datiert: „Breslau, Pfingsten 1905".
[121] München 'Hauptstadt der Bewegung'. Münchner Stadtmuseum 1993, S. 54, Kat. Nr. 4.1. mit Abb. von 1908.
[122] Mosebach, Martin: Der gute Ton. Lesen und schreiben mit Ludwig Reiners. In: FAZ v. 20.1.1996, Nr. 17, S. 29. – Reiners, Ludwig: Stilkunst. 129.-140. Tausend. München 1991.

im 8. Bezirk ein repräsentatives Haus, von dem vorhin schon als noch heutiger Adresse die Rede war. Es ging um das Heil aus der Sprache, und so zogen Wanderlehrer als Multiplikatoren von „Deutschtum" und „völkisch-erzieherischem" Unterricht für alle Bildungsebenen durch die Lande. Hierzu gehörte auch der „Verkauf von Glückwunschkarten, Telegrammbriefen, Zündhölzern, Visitenkarten, Liedertexten, Postkarten, ebenso ein reichhaltiges, von der Zentrale gesteuertes (volks)kulturelles Angebot, so u.a.: Lichtbildervorträge mit 'nationalen' Themen ('Der Krieg 1870/71', 'Friedrich der Große' [Carlyle!], 'Der große Kurfürst', 'Luther', 'Bismarck', 'Der deutsche Freiheitskampf', 'Das deutsche Heim einst und jetzt'), 'nationale' Geselligkeits- und Leseabende sowie monatlich abgehaltene 'völkische' Gedenkfeiern (u.a. für Johann Wolfgang von Goethe, Richard Wagner, Robert Hamerling [Waldviertler Dichter], Bismarck)"[123].

Aufschlußreich sind die ca. 2300 Stück durchgezählter Bestellnummern an Bildpostkarten, von denen das Archiv des Nachfolgevereins eine gut sortierte Sammlung (meist) gebrauchter Exemplare besitzt. Aus der Zeit um 1910/14 stammen die achthunderter Nummern, darunter mehrere Folgen des Dichters Karl Lustig, z.B. gegen Fremdwörter (824/825) oder zu seinem Gedicht „Deutschsein heißt frei sein" (801-808), jeweils eine neue Karte für ein weiteres Epitheton: wahr, klug, fromm, gut, treu, stark, froh[124].

Das Hakenkreuz spielte für alle völkischen Bünde als Sonnenrune des neuen germanischen Glaubens die Rolle eines Heilszeichens. In Deutschland war es typischerweise wieder ein Lehrer, Wilhelm Schwaner, der in seinem Berliner Verlag mit Zeitschrift „Der Volkserzieher" am „Luther-Schiller-Scharnhorst-Tage 1902" das Vorwort seines „Schulmeisterbuches" unterzeichnete. 1913 brachte er es erweitert und mit neuem Titel heraus: „Unterm Hakenkreuz. Bundes-Buch der Volkserzieher"[125]. In Österreich rezensierte für den „Heim-

---

[123] Drobesch, S. 199f.
[124] Geschäftsstelle der Österreichischen Landmannschaft in der Josefstadt, 1080 Wien, Fuhrmannsgasse 18a.
[125] Schwaner, Wilhelm: Unterm Hakenkreuz. Bundesbuch der Volkserzieher. Volkserzieherverlag [Wilhelm Schwaner] Berlin-Schlachtensee, Haus Waldeck, 1913, 515 S.

garten" Peter Rosegger ein anderes Buch desselben Autors „Vom Gottsuchen der Völker" mit dem bezeichnenden Motto: „Allen Päpsten und Gewalthabern zur Lehr; allen Gottsuchern und Volkserziehern zur Wehr!" Rosegger beschließt seine Besprechung über die Gottsucher, in der er auch die „Germanen-Bibel" Schwaners (1904, ⁵1920) erwähnt, mit dem Satz: „Inhaltsreich und gedrängt wie ein Schulbuch ist es. Wann werden unsere Schulen zu solchen Büchern greifen?"[126]. Gewiß im „Deutschen Schulverein", wie man 'unseren' Collagen entnehmen darf. Der Dichter hat für diesen 1909 im „Wiener Tagblatt" durch einen Spendenaufruf zugunsten des „Deutschen Schulvereins" die „Rosegger-Sammlung" initiiert. Sie brachte bis zu seinem 70. Geburtstag 1913 drei Millionen Kronen ein, aus denen 112 Schulen und 27 Kindergärten an der Sprachgrenze errichtet wurden[127].

Der geistesgeschichtliche Hintergrund im Wandel des Arbeitsbegriffs

Zum Begriff und zur Geschichte der Arbeit ist viel Erhellendes geschrieben worden[128]. Hier nur die wichtigsten Aspekte und deren augenblickliche Forschungsrelevanz sowie der Bezug zu unserer Fragestellung. Weiterführungen bieten die Texte im Anhang:

---

[126] Ebd. als Werbung auf den Schlußseiten in Schwaners „Unterm Hakenkreuz".
[127] Klemm, 1970, S. 11. – Zu Rosegger mit weiterführender Lit. vgl. Wagner, Karl, in: Killy, Walther (Hg.): Literatur-Lexikon X. Gütersloh 1991, S. 9ff. aufgrund seiner Wiener Habilitationsschrift 1989 über: Die literarische Öffentlichkeit der Provinzliteratur. Der Volksschriftsteller Peter Rosegger. – Anderle, Charlotte: Der andere Rosegger. Polemik, Zeitkritik und Vision im Spiegel des „Heimgartens" 1876-1918. Wien ³1994 (1. Aufl. Graz 1983).
[128] Grundlegend: Grimm DW I, 1854, Sp. 538-545, Komposita ab Sp. 541. – Conze, Werner: Arbeit. In: Geschichtliche Grundbegriffe. Historisches Lexikon zur politisch-sozialen Sprache in Deutschland, hg. v. Otto Brunner, Werner Conze, Reinhart Koselleck. I, Stuttgart 1972, S. 154-215 (vornehmlich für die Neuzeit einschlägig).– TRE III, 1978, S. 631-669 s. v. „Arbeit" in acht zeitlich geordneten Kapiteln, dazu s. v. „Arbeiter", S. 669-681 u. „Arbeiterpriester", S. 681-687. – Staatslexikon. 7. völlig neu bearb. Aufl. I. Freiburg 1985, s.v. „Arbeit": Sp. 198-122, bis Sp. 330 weitere Komposita.

1.) Die christlichen Wurzeln des abendländischen Arbeitsethos, nämlich „laborare ex oratione", verstanden die Mönche als „ora et labora", dessen sozialen Realitätsgehalt, spirituellen Anspruch und Übertragung auf die Geistesarbeit Patristen und Mediaevisten mehrfach problematisiert haben[129]. Die asketische Nobilitierung von Arbeit war ein erster Versuch, die antike Mißachtung der Handarbeit zu überwinden[130]. Arbeit galt bis dahin als Strafe. Labor heißt Last und germanisch „arebeit" = Mühe, Not. Bei den Mönchen setzte sich im Verlaufe des Mittelalters und der frühen Neuzeit jedoch stets wieder das Prinzip der Arbeitsteilung nach ständischer Herkunft durch, zugleich aber auch die Pflege der Wissenschaften als gleichwertiger Gottesgelehrsamkeit und damit anerkennbarer Leistung. Ganz anders in bäuerlichen und Handwerker-Kreisen der Neuzeit, wo Bücher trotz geforderter Bibellektüre zur Kategorie Müßiggang oder Feiertagsvergnügen zählten. Wir kennen bis heute den Vorwurf an heranwachsende Kinder: „Der (oder die) liest schon wieder, anstatt zu schaffen", d.h. mitzuhelfen auf dem Hof oder in der Werkstatt.

Vita activa und vita contemplativa sind im Neuen Testament gleichgestellt und im Mittelalter so gepredigt worden (Maria und Martha)[131]. Der Verabsolutierung eremitischer Selbstheiligung suchte das didaktische Exempel der „Geistlichen Hausmagd" zu steuern, auch wenn es später im Volksgebrauch eher sozial-

---

[129] Bienert, Walter: Die Arbeit nach der Lehre der Bibel. Stuttgart 1954. - Einschlägig für die Weiterentwicklung ist die Geschichte der Mönchsorden, Lit. s. dazu in TRE III, 1978, s. v. „Arbeit" in Kap. I. bis V., voran Dörries, Hermann: Mönchtum und Arbeit. In: FS J. Fischer. Leipzig 1931, S. 17-39. Ders.: Wort und Stunde. I, Göttingen 1966, S. 276-301.

[130] Holzapfel, Helmut: Die sittliche Wertung der körperlichen Arbeit im christlichen Altertum. Theol. Diss. Würzburg 1941; neuere Lit. s. in TRE III, 1978 s. v. „Arbeit", ab Kap. IV von Henneke Gülzow. - Gentry, Francis G.: Arbeit in der mittelalterlichen Gesellschaft. Die Entwicklung einer mittelalterlichen Theorie der Arbeit vom 11.-14. Jahrhundert. In: Grimm, Reinhald u. Hermand, Jost (Hgg.): Arbeit als Thema der deutschen Literatur vom Mittelalter bis zur Gegenwart. Königstein/Ts. 1979, S. 3-28.- Prinz, Friedrich: Askese und Kultur. Vor- und frühbenediktinisches Mönchtum an der Wiege Europas. München 1980, S. 68-74: „Mönchtum und Arbeitsethos". - Treiber, Hubert u. Steinert, Heinz: Die Fabrikation des zuverlässigen Menschen. Über die „Wahlverwandtschaft" von Kloster und Fabrik. München 1980. - Rösner, Werner: Spiritualität und Ökonomie. In: Cîteaux. Commentarii Cistercienses 34 (1983), S. 245-274. - Vor allem in Brocker 1992, S. 405-460: „Materialien zu einer Geschichte der Arbeit".

[131] Vgl. Brückner, Wolfgang: Hand und Heil. In: Anzeiger des Germanischen Nationalmuseums Nürnberg 1965, S. 60-109, hier S. 86-89, bes. 88.

disziplinierende Absichten besaß[132]. Noch Thomas von Aquin hat die Abwertung von Dienstarbeit für Jahrhunderte sanktioniert. Die hochmittelalterliche Ständegesellschaft kannte bis zur Französischen Revolution drei klar definierte Menschengattungen: oratores, bellatores, laboratores: Beter oder Geistesadel, Krieger, Handarbeiter[133]. Das Arbeitstabu der Sonntagsheiligung betraf nur letztere und ihre „knechtische Arbeit", wie es die einprägsame Bildkatechese des sogenannten „Feiertagschristus" aller Welt vor Augen führte[134]. Auf Arbeit lastete weiterhin „Fluch und [nur] ein Schimmer von Verklärung"[135]. Das sollte sich von der Wende zum 16. Jahrhundert an ändern mit der zunehmenden Entwicklung von Arbeitsmoral und Arbeitswertschätzung als einem längeren Prozeß universeller Veränderungen[136].

2.) Die philosophische und ökonomische Grundlegung der Moderne geschah durch John Lockes „Arbeitstheorie des Eigentums" in seinen Traktaten zur Regierung von 1690[137]. Eigentum kann nur durch Arbeit erworben werden. Trotz Kants Kritik ist das über Fichte und Hegel bis in die heutige Rechtsprechung des Bundesverfassungsgerichts fortgeschrieben worden[138]

---

[132] Spamer, Adolf: Der Bilderbogen von der „Geistlichen Hausmagd", bearbeitet von Mathilde Hain. Göttingen 1970. - Weitere Lit. bei Brückner, Wolfgang: Geistliche Hausmagd. In: Enzyklopädie des Märchens V, 1987, Sp. 944-948.
[133] Brocker, Manfred: Arbeit und Eigentum. Der Paradigmenwechsel in der neuzeitlichen Eigentumstheorie. Darmstadt 1992, S. 417.
[134] Wildhaber, Robert: Der „Feiertagschristus" als ikonographischer Ausdruck der Sonntagsheiligung. In: Z. f. schweiz. Archäologie u. Kunstgeschichte 16 (1956) H. 1, S. 1-34. - Ders.: Feiertagschristus. In: RDK VII, 1979, Sp. 1002-1010. - Kretzenbacher, Leopold: Sveta Nedelja - Santa Domenica - Die hl. Frau Sonntag. In. Die Welt der Slaven NF 6 (1982,) S. 106-130. -Thurnwald, Andrea K.: Kirchgang, Klöße, Kartenspiel. Traditionelle Sonntagskultur im evangelischen Franken (= Schriften u. Kataloge d. Fränkischen Freilandmuseums 29). Bad Windsheim 1997, S. 30-41: „Sonntagsruhe - Sonntagsarbeit".
[135] Kunze, Konrad: Himmel in Stein. Das Freiburger Münster. Vom Sinn mittelalterlicher Kirchenbauten. 9. überarb. u. ergänzte Aufl. 1995, Kap. 46 „Arbeit", S. 111ff.
[136] Wiedemann, Konrad: Arbeit und Bürgertum. Die Entwicklung des Arbeitsbegriffs in der Literatur Deutschlands an der Wende zur Neuzeit (= Beiträge zur neueren Literaturgeschichte Serie 3, Bd. 46). Heidelberg 1979. - Vgl. bei Münch 1984, S. 39-156, die Textzeugnisse zwischen 1494 und 1709.
[137] Brocker 1992, S. 1-30, 125-290.
[138] Ebd., S. VII u. S. 342-353.

Die neuzeitliche Bedeutungsgeschichte von Arbeit besitzt eine vielsträngige Genese, denen phänomenologische und philosophische Studien nachgehen[139]. Humanität, Rationalität, Natur, Vernunft und Freiheit sind die damit verbundenen Leitbegriffe der Moderne. Die ökonomischen Folgen bezeichnen das Verständnis von Arbeit als Ware im kapitalistischen Wirtschaften des 18. und 19. Jahrhunderts. In Deutschland wurde die „Arbeitskraft" der Maßstab für diesen Warencharakter, in England hingegen die in das Produkt eingegangene Arbeit, so daß der Unternehmer eher ein Händler war. Daher vermag der amerikanische Soziologe Biernacki von „The Fabrication of Labour" zu sprechen, indem er die Konzeption von Arbeit als ein Produkt unterschiedlicher sozio-kultureller Dispositionen beschreibt und somit die Marxsche Theorienbildung abhängig sieht vom gesellschaftlichen und ökonomischen Denken in Deutschland[140]. Hier entwickelte sich nämlich ein Markt für Arbeitskraft, in England hingegen ein umfassender Gütermarkt, wo Arbeit nicht so unmittelbar zum eigenständigen Tauschgegenstand werden konnte.

Diese gegenwärtigen Erkentnisse aufgrund historischer Unternehmensstudien zur Textilindustrie beider Länder bis 1914 verändern jedoch nicht die einstigen Wirkungen ideologischen Denkens. Noch oder gerade in den Nachkriegs-Arbeitsdienst-Diskussionen der zwanziger Jahre ging es in Mitteleuropa stets um körperliche Arbeit und dies als eine Pflicht für jedermann. Es war die Kehrseite der sozialistischen Medaille vom „Recht auf Arbeit". Charles Fourier hat es für den vierten Stand des Proletariats erstmals im Jahre 1808 formuliert: „Le droit au travail", und dies wirkt seitdem in den sozialen Auseinandersetzungen nach bis zur rechtlichen Verankerung in der „Europäischen Sozialcharta" unserer Tage[141]. Hier liegen die Wurzeln des gezielten Zynismus

---

[139] Müller, Severin: Phänomenologie und philosophische Theorie der Arbeit. 2 Bde. Freiburg 1992/94; vorausgegangen ist des Autors 1978 abgeschlossene und nicht publizierte Habilitationsschrift „Arbeit. Zur philosophischen Erhellung ihrer neuzeitlichen Genesis".

[140] Biernacki 1995 (zunächst eine preisgekrönte Dissertation des Jahres 1989 mit Schwerpunkt in der 2. Hälfte des 19. Jahrhunderts).

[141] Fourier, Charles: Théorie des quatre mouvements et des destinées générales. Leipzig 1808, S. 371 u. Ouevres complètes. III, Paris 1841, S. 178f. Nach Büchmann 1972, S. 651, als früheste Formulierung. In einigen Landesverfassungen der Bundesrepublik Deutschland heute so enthalten, wenn auch bislang nur als Programmsatz, nicht als einklagbares Recht; deshalb findet sich dafür ein jüngst ausgeweitetes Lemma in Konversationslexika: Brockhaus

im Motto für ein Konzentrationslager sogenannter Staatsfeinde. Der Spruch hilft Legitimation stiften vor der „arbeitenden Klasse" oder dem „fleißigen deutschen Volke". Arbeit und Arbeitermacht der Arbeiterklasse meinten im 19. Jahrhundert noch immer knechtische Handarbeit.

Propagandistisch führten die Nationalsozialisten diesen Arbeitsbegriff im Namen der NSDAP als „Arbeiterpartei", und sie hatten 1932/33 ihre Millionenzahlen an Wählern u.a. aus dem Reservoir der damals Arbeitslosen zusammengebracht. In ihrem Parteiprogramm war die Arbeit jedes Staatsbürgers ausdrücklich festgelegt. Daraus folgte 1933 das Gesetz zur „Dienstverpflichtung". Sie erhoben die „Arbeitskraft" zum „wertvollsten Gut des Volkes"[142]. Damit vermochte die Partei u.a. deshalb so erfolgreich zu sein, weil die Arbeiterschaft schon über mehrere Generationen hinweg sozialistisch indoktriniert war. Karl Marx hatte den Menschen nicht mehr als gottähnlichen Schöpfer, „homo sapiens", verstanden, sondern als „animal laborans", das seine Arbeitskraft verkaufen muß und sich daher als soziales Subjekt allein über fremdbestimmte Arbeit definieren läßt, die „Erzeugung des Menschen durch die menschliche Arbeit", bei Friedrich Engels sogar evolutionsbiologisch formuliert durch die Schrift: „Vom Anteil der Arbeit an der Menschwerdung des Affen"[143]. Nun sollte das mit dem „deutschen Wesen" verschmolzen werden. Nach der Machtübernahme formulierte Adolf Hitler in seiner Rede am 10. Mai 1933 in Berlin: „Ich werde keinen größeren Stolz in meinem Leben besitzen als den, einst am Ende meiner Tage sagen zu können: Ich habe dem Deutschem Reich den deutschen Arbeiter erkämpft"[144], und am 24. Oktober 1933 im Berliner Sportpalast: „Wir schämen uns nicht, arbeiten zu müssen. Wir bejahen die Arbeit, wie unsere Väter sie schon bejaht haben. Wenn eine volkstümliche Beteiligung des deutschen Volkes am Staate überhaupt möglich ist, so nur über

---

Enzyklopädie 17. Aufl. 15, 1972, S. 503f. u. 19. Aufl. 18, 1992, S. 144. – Genauer im Staatslexikon I, 1985, Sp. 209-212: „Recht auf Arbeit". – Asholt/Fähnders 1991, Kap. II „Das wesentlichste Recht, das Recht auf Arbeit" (Fichte, Fourier, Lafargue), S. 79-98; S. 308f. (Lit.).

[142] Brackmann / Birkenhauer 1988, S. 22.

[143] Brocker 1992, S. 438f. – Conze 1972, Kap. 12: „Arbeit als Grundlage einer Gesellschaft der Gleichheit", S. 196-205. Asholt/Fähnders 1991, Kap. VI: „Marx und die Arbeit", S. 159-178. – Müller II, 1994.

[144] Zoozmann 1935, S. 47.

die Arbeit. In diesem Sinne ist das Dritte Reich das Reich des deutschen Sozialismus, ein Staat der Arbeit und der Arbeiter"[145]

3.) Die aufklärerische und, darauf fußend, bürgerliche Überbetonung von Arbeitsmoral als eigentlichem Christentum gehörte zum neuen Tugendkanon von „Ordnung, Fleiß und Sparsamkeit" und der daraus resultierenden, gut erforschten Geschichte der „Arbeitshäuser" als Züchtigungs- und Besserungsanstalten. In Eichstätt z.B. gründete man ein solches als Armeninstitut 1784 gegen das „überbordende Bettelunwesen" für sogenannte Arbeitswillige und als Zuchthaus für sogenannte Arbeitsunwillige mit angeschlossener Baumwoll-, Flachs- und Hanfspinnerei, fast schon wie die Buna-Fabriken des IG-Farben-Konzerns in Auschwitz[146]. Genauer: weil sich Gebet hier zu Arbeit mauserte, bot dies als „List der Geschichte" die ideologische Verbrämung für die praktischen Voraussetzungen gesellschaftlicher Machbarkeit unserer Industrie-Moderne. Zuchthäuser, domus disciplinares, so der sprechende Name für die Korrektions-Kasernierung seit dem 17. Jahrhundert, trugen entsprechende Portalinschriften, z.B. in Hamburg: „Labore nutrior, labore plectior" = durch Arbeit werde ich ernährt, durch Arbeit büße ich[147].

Einerseits wollte man die Leute von der Straße bringen und sie andererseits zu ordentlichen, arbeitsamen Menschen erziehen. Es waren die protestantischen Staaten Europas, die hier vorangingen. Die reisenden Aufklärer notierten in ihren eifrig gelesenen Berichten als rückständig all jene Gebiete, in denen sich Bettler frei auf den Straßen bewegten. Dies waren vor der Säkularisation in der Regel die katholischen Territorien, die Arme besonders anzogen, weil hier die Klöster eine ständige Almosenausgabe in Form von Speisungen aus religiösen

---

[145] Trommler 1979, S. 102.
[146] Flachenecker, Helmut u. Braun, Emanuel: Eichstätt. Geschichte und Kunst. München 1992, S. 14f.
[147] Fischer, Wolfram: Armut in der Geschichte. Erscheinungsformen und Lösungsversuche der „Sozialen Frage" in Europa seit dem Mittelalter. Göttingen 1982. – Münch, Paul: Lebensformen in der frühen Neuzeit. Frankfurt/M. 1992, S. 374-380. – Sievers, Kai Detlev u. Zimmermann, Harm-Peer: Das disziplinierte Elend. Zur Geschichte der sozialen Fürsorge in schleswig-holsteinischen Städten 1552-1914. Neumünster 1994, S. 284-327: „Armen- und Arbeitsanstalten" (mit weiterf. Lit.).

Gründen als christliche Nächstenliebe institutionalisiert hatten. Auch sonst existierten dort im Kirchenjahr festtagsmäßig geregelte rituelle Essensreireichungen und Heischegewohnheiten in Stadt und Land. Katholiken brauchten in gewissem Sinne öffentliche Arme aus kultischen Gründen.

Noch Luther verstand die Arbeit als Sündenstrafe und ökonomische Tätigkeit des Menschen als eine bloß scheinbare, denn Nahrung erhält der Mensch ähnlich wie die Gnade allein geschenkt, ganz ohne verdienstliche Arbeit[148]. Aber die deutsch-protestantische Aufklärungstradition besagt, daß nur bewußtes Tätigsein zum Menschen macht, Arbeit vor dem Spiel kommt: „Erst die Arbeit, dann das Vergnügen". Die Aufklärungspädagogik formulierte die später für typisch deutsch erachteten neuen „bürgerlichen Tugenden". Der Sozialhistoriker Paul Münch hat 1984 dafür die wichtigsten Quellen zusammengestellt und 1992 in seinem Buch „Lebensformen in der frühen Neuzeit" verarbeitet[149], Germanisten 1991 einen Quellen-Reader zu „Arbeit und Müßiggang 1789-1914" ediert[150] sowie die Referate einer interdisziplinären Tagung publiziert: „Zur literarischen Konstitution des Wertkomplexes 'Arbeit' in der deutschen Literatur 1770-1930"[151]. Ich greife zur Illustration einige Titel und Passagen zur Arbeitsauffassung des späten 18. Jahrhunderts heraus.

1761 aus J. H. G. von Justis „Policey-Wissenschaft" in § 195 u. a. über die „Triebfedern zu Geschicklichkeit, Fleiß und Arbeitsamkeit"; 1768 aus P. H. P. Gudens „Policey der Industrie, oder Abhandlung von den Mitteln, den Fleiß der Einwohner zu ermuntern", Cap. II „Von den Hindernissen des Fleißes" und Cap. III., § 65 „Worinn die wirksamsten Mittel zur Ermunterung des Fleißes überhaupt bestehen"; 1772 aus J. A. Freiherr von Ickstatts „Warum ist der

---

[148] Wiedemann 1979, S. 290f. u. 293.
[149] Münch 1992, S. 355-413 („Arbeit und Fleiß"), S. 536-540 (Anm.), S. 590-594 (Lit.).
[150] Asholt, Wolfgang u. Fähnders, Walter (Hg.): Arbeit und Müßiggang 1789-1914. Dokumente und Analysen. Frankfurt/M. 1991, Kap. VII: „Müßiggang ist aller Laster Anfang", S. 179-204, S. 309f. (Lit.).
[151] Segeberg, Harro (Hg.): Vom Wert der Arbeit. Zur literarischen Konstitution des Wertkomplexes 'Arbeit' in der deutschen Literatur (1770-1930). Dokumente einer interdisziplinären Tagung in Hamburg 1988. Tübingen 1991.- Lange vorausgegangen waren acht quasi verstreute Einzelstudien bei Grimm, Reinhold u. Hermand, Jost (Hgg.): Arbeit als Thema in der deutschen Literatur vom Mittelalter bis zur Gegenwart. Königstein/Ts. 1970.

Wohlstand der protestantischen Länder so gar viel größer als der katholischen?" in § 62 „Die Protestanten arbeiten hingegen ununterbrochen"; 1776 F. E. von Rochows Lesebuch „Der Kinderfreund", im „Kinderlied" die Zeilen: „Wer der Herrschaft Nutzen sucht, / Dem nützt sie auch wieder. / Faulheit sey von uns verflucht: / Arbeit stärkt die Glieder"; 1777 aus Chr. F. Weißes Wochenblatt „Der Kinderfreund" über Biene und Ameise, 1781 aus einem Kinderlied: „Die Morgenstunde / Hat Gold im Munde: / Ein weiser Spruch voll Kraft und Saft! / Dann fühlt man wieder / Durch alle Glieder / Zur Arbeit Muth, zur Arbeit Kraft"; 1798 aus Chr. A. Struves „Erklärung teutscher Sprichwörter" für Kinder in Nr. 45: „Eine faule Jugend macht eine lausiges Alter". Hier ist von „anhaltendem Arbeiten", von „Lust zur Arbeit", vom „Ernst bey dem Arbeiten und Lernen der Kinder" die Rede. Sie sollen einen „unbegränzten Trieb zur Thätigkeit" entwickeln[152].

Hierher gehört noch eine Kinderreimzeile, die geflügeltes Wort werden sollte: „Arbeit macht das Leben süß / Macht es nie zur Last / Der nur hat Bekümmerniß / Der die Arbeit haßt". Es ist der Beginn eines achtstrophigen Gedichts von Gottlob Wilhelm Burmann (1737-1805) aus seinen „Kleinen Liedern für kleine Mädchen und Jünglinge", Berlin 1777[153]. „Arbeit ist der Menschheit Los" beginnt die 2. Strophe, die 3.: „Arbeit und Betriebsamkeit / Geben Ruhm und Brot", die 4. beginnt: „Etwas handeln muß der Mensch / Wenn er Mensch will seyen", die 7.: „Nach der Arbeit ist gut ruhn" und die 8.: „Arbeit macht den Mann". (Das gesamte Gedicht s. u. im Anhang).

Die Aufklärungsepoche hat guten Glaubens gemeint, soziale Probleme durch moralische Erziehung lösen zu können, weil man Armut und Bettelei für selbstverschuldet hielt. Der Berliner Aufklärer Friedrich Nicolai bemängelte schon 1781 in Wien, was auch Johann Gottfried Herder in Rom 1788/89 nicht gefallen wollte, den angeblichen Müßiggang des sichtbaren Teils der Bevölkerung

---

[152] Münch, Paul (Hg.): Ordnung, Fleiß und Sparsamkeit. Texte und Dokumente zur Entstehung der „bürgerlichen Tugenden". München 1984, S. 157, 163, 167, 177, 179, 190, 201, 310, 311, 312, 332, 333.
[153] Vgl. dazu Alzheimer-Haller, Heidrun: „Moralische Geschichten". Tugenderziehung und Geschlechterrollen. In: Universitas 53 (1998) Nr. 620, S. 117-128, Titelreproduktion S. 124, dazu im Text S. 120f.

auf den Straßen[154]. Beide hielten diese anders gearteten Lebensweisen und Mentalitäten für ärgerliche Folgen klerikaler Fehlanleitungen. Darum gründete man „Arbeitsschulen" als Vorläufer des modernen Hauswirtschafts- und Berufsschulwesens, in Würzburg 1806 durch den „Polytechnischen Verein" des Domkapitulars und Theologieprofessors Franz Oberthür initiiert[155], in Dresden gestiftet von dem Oberkonsistorialrat Dr. Rädler als Volks- und „Industrieschule" sowie Waisenanstalt, eröffnet 1789, darin die „Arbeitsschule" 1794 mit den Klassen Flachsspinnerei, Schafwollspinnerei, Stick- und Nähkurs. Das Gebäude dieser „Rädlerschen Schule" in Dresden/Neustadt trägt heute noch die ovale Torplakette mit einer Allegorie der fruchtbringenden Industria und einem empfangenden Kind sowie der bezeichnenden Inschrift: „Bete und arbeite"[156] Bettelnde Arbeitslose kamen daher in die oben schon erwähnten „Arbeitshäuser".

Die Erziehung zur Arbeit gipfelte in den Aufklärungsbemühungen des damals gern zitierten Sprichwortes „Selbst ist der Mann". Daraus schließt Paul Münch: „Der neue Arbeitsbegriff, der in letzter Konzequenz die Würde jedes Menschen von einer angemessenen und selbstverantworteten Tätigkeit abhängig machte, entfaltete eine Sprengkraft, die das Fundament der ständischen Gesellschaft unterhöhlte und schließlich zum Einsturz brachte"[157]. Die Erziehung zur Arbeit und durch Arbeit betraf im 19. Jahrhundert alle Schichten der Bevölkerung, prägte voran die bürgerliche Unternehmer-Moral als „Arbeit und Frieden" gegen feudalen „herrschaftlichen Müßiggang und Krieg" und beließ neben der „Berufsarbeit" nur noch Zeit für Gottesdienst und öffentliches Wohl[158]. Das sollte auch dem christlichen Arbeiter in den kirchlich unterstützten genossen-

---

[154] Brückner, Wolfgang: Stereotype Anschauungen über Alltag und Volksleben in der Aufklärungsliteratur. Neue Wahrnehmungsparadigmen, ethnozentrische Vorurteile und merkantile Argumentationsmuster. In: Gerndt, Helge (Hg.): Stereotypenvorstellungen im Alltagsleben. FS f. Georg R. Schroubek (= Münchner Beiträge zur Volkskunde 8). München 1988, S. 121-131.
[155] Seidel, Joachim: Die Gewerbeförderung durch den „Polytechnischen Zentralverein zu Würzburg". In: Brückner, Wolfgang (Hg.): Fränkisches Volksleben im 19. Jahrhundert. Wunschbilder und Wirklichkeit 1814-1914. Würzburg 1985, S. 43-50 (Lit.).
[156] In Dresden heute ein baulicher Pflegefall.
[157] Münch 1992, S. 383.
[158] Conze 1972, S. 191.

schaftlichen Selbsthilfevereinigungen Vorbild sein, weil mit Gottes Hilfe „das Arbeitssystem einer Nation mit dem Kapitalsystem in Übereinstimmung zu bringen nur durch die Religion" möglich werde, wie es schon 1820 hieß[159]. Das Merkblatt des pietistischen Unternehmers Karl Mez (1808-1877) für seine schwäbischen Arbeiter enthält die Sprichworte „Arbeit macht das Leben süß" und „Müßiggang ist aller Laster Anfang"[160]. Nicht anders verfährt die Exempelsammlung des Schweizer Pastors L. Pestalozzi „Christliche Lehre in Beispielen " 1885 im Kapitel „Die Zucht der Arbeit". Sie beginnt mit einer Erzählung zu „Gebet und Arbeit". Dann wird im nächsten Stück der soeben genannte Karl Mez zitiert als „Vater der Arbeiter" mit einem Diktum: „In den Klöstern wurde schließlich nur noch gebetet, aber nimmer gearbeitet, darum sind sie zerfallen; den Fabriken wird es nicht besser ergehen, man arbeitet wohl, aber man betet nicht in ihnen"[161]. Dieses arbeitsethische Konzept gilt längst gleichermaßen für Katholiken. Die Josefskapelle des Fuldaer Doms trägt die Inschrift „Ora et labora". Selbstaussagen katholischer Arbeitnehmer in Österreich sprechen heute davon: „Arbeit ist auch ein Gebet"[162].

„Deutsche Arbeit. Monatsschrift für die Bestrebungen der christlich-nationalen Arbeiterschaft" (1916-1933)[163] führte quasi Wilhelm Heinrich Riehls Frage nach „Religion und Sozialismus" weiter. Ein neues Christentum von „Gemeinleben in Arbeit, Eigentum und Gesittung" stellte er gegen „eine neue Gesellschaftskirche"[164]. Schon viel früher hatte er 1861 in seinem Buch „Die deutsche Arbeit" die biblischen Aussagen zur Arbeit zusammengestellt sowie „Arbeit als sittliche That" und „die volkserziehende Kraft der Arbeit" gegen die „volksverderbende Macht der ruhelos raffenden Geldgier" gefordert[165], was seinerzeit

---

[159] Conze 1972, S. 195.
[160] Scharfe, Martin: Die Religion des Volkes. Kleine Kultur- und Sozialgeschichte des Pietismus. Gütersloh 1980, S. 88f.
[161] Pestalozzi, L.: Die christliche Lehre in Beispielen zum Gebrauch für Kirche, Schule und Haus. 2. Aufl. Zürich 1885, S. 158-162, zit. S. 159.
[162] Wiebel-Fanderl, Oliva: Religion als Heimat? Zur lebensgeschichtlichen Bedeutung katholischer Glaubenstraditionen (= Kulturstudien 29). Wien 1993, S. 60-63, hier S. 62.
[163] Trommler 1979, S. 125.
[164] Riehl, Wilhelm Heinrich: Religiöse Studien eines Weltkindes. Stuttgart ^{5}1900 (^{1}1894), S. 180-194, hier S. 183.
[165] Riehl 1861, S. 8, zur Bibel S. 177-200.

keineswegs das „Volk Israel" meinte, denn dessen „Glaube und Arbeit festete die Familie und den Stamm dergestalt, daß diese Ersatz boten für den Kitt der Staats- und Landesgemeinschaft"[166]. Doch Riehl war ganz geprägt von der Aufklärungsschelte gegen sogenannten Müßiggang, den man damals als Diebstahl zu bezeichnen pflegte[167]. Er nannte es mit einer eigenen Kapitelüberschrift „Spitzbubenarbeit", unterteilt in „Gaunerei als negative Arbeit" und „Die Arbeitskur im Zuchthause"[168], womit wir zum Ausgangspunkt einer Zwangserziehung zur Arbeit zurückkehren.

Das neue „Evangelium der Arbeit" hingegen war längst eine säkularisierte Heilsbotschaft[169]. Die englischen Moralisten Smiles und Carlyle predigten es unentwegt mit besonderem Erfolg in Deutschland. Das Kapitel „Arbeit" in Samuels Smiles (1812-1904) „Der Charakter" (deutsch 1872 u. ö.) handelt im Grunde von nichts anderem als dem „Fluch der Trägheit", denn: „die Arbeit ist das Gesetz unseres Daseins – das lebendige Prinzip, das Menschen und Nationen vorwärtsbringt". An seine Negativbeispiele des Faulenzens schließt sich die Straferwartung der Langeweile. „Jede hoffnungsvolle Arbeit ist gesund und nützlich, und erfolgreiche Beschäftigung ist eines der großen Geheimnisse ihrer Glückseligkeit"[170]. Nur ein Jahrhundert zuvor war die Acedia noch als Krankheitssymptom der Melancholie bewußt gewesen[171], im Mittelalter aber nicht der fleißigen Ameise entgegengesetzt worden („vade ad formicam o piger"), sondern Trägheit bezeichnete die Todsünde der Nichtanstrengung in Glaubensdingen, nach heutigem Jargon der „Null-Bock" auf Erlösung[172]. Die Nützlichkeitsfrage der Vernunft aber interessierte allein die Fleißleistung für das Kollektiv.

---

[166] Ebd. S. 63.
[167] Conze 1972, S. 197.
[168] Ebd., S. 240-256.
[169] Conze 1972, S. 199.
[170] Smiles, Samuel: Der Charakter. Übersetzung von Heinrich Schmidt-Jena [für diese Kröner-Ausgabe aus den 20er Jahren]. Stuttgart 1948 im 32. Tausend S.68-90, hier S. 8, 9, 90.
[171] Schings, Hans-Jürgen: Melancholie und Aufklärung. Melancholiker und ihre Kritiker in Erfahrungsseelenkunde und Literatur des 18. Jahrhunderts. Stuttgart 1977, „Acedia und Unterdrückung": S. 234-246.
[172] Vgl. Wenzel, Siegfried: The Sin of Sloth. Acedia in Medieval Thought and Literature. Chapel Hill 1967.

„Bet' und arbeit – hilft Gott allzeit" wurde schließlich zur Devise „Evangelischer Arbeitervereine" am Ende des Jahrhunderts, z.B. in Ingolstadt 1888[173]. Auch allerhöchste Belobigungsauszeichnungen im Namen des Großherzogs durch den badischen Frauenverein trugen 1901 die Aufforderung „Bete und arbeite"[174], und in der Dresdner „Ausstellung für Haus und Herd" 1899/1900 war ein Wohnzimmer mit Tapetenbordüre über dem Eßtisch zu sehen, in der zu lesen stand: „Bet u. Arbeit"[175]. Carlyle schließlich überhöhte, wie wir schon gesehen haben, Goethes innerweltliche Frömmigkeit zur These: „Arbeit ist Gebet", dessen Konsequenz: „Arbeite, finde darin dein Glück" Friedrich Engels 1844 sogleich widersprach[176]. Die modernen Theoretiker eines christlichen Arbeitsethos verstehen heute anderes darunter als die Pflege sogenannter Sekundärtugenden aus den Tagen der in der Aufklärung moralisch grundgelegten bürgerlichen Gesellschaft des 19. Jahrhunderts[177].

Aus der aufgeklärten Arbeitserziehung ist in unserem Jahrhundert die Idee der schulischen Arbeitslehre erwachsen[178]. Neil Postman hält sie inzwischen für überflüssig wie den Großteil aller Spezialistenpädagogik; der Amerikaner plädiert für die Rückkehr zu Sprach- und Geschichtsunterricht statt theoretischen

---

[173] Farbabbildung des Gründungsgedenkbildes in: Leben und Arbeiten im Industriezeitalter (Ausstellung des Germanischen Nationalmuseums Nürnberg). Stuttgart 1985, S. 412, Kat. Nr. 13/23. – Ebenfalls abgebildet in: Acht Stunden sind kein Tag. Geschichte der Gewerkschaften in Bayern. Katalog zur Wanderausstellung des Hauses der Bayerischen Geschichte (= Veröff. z. Bayer. Gesch. u. Kultur 34/97). Augsburg 1997, S. 106. – Unter diesem Motto auch die generelle Beschreibung evangelischer Arbeitervereine in: Im „Anfang war das Wort". Nürnberg und der Protestantismus. Ausstellung im Fembohaus. Nürnberg 1996, S. 58f.
[174] Zwischen Schule und Fabrik. Textile Frauenarbeit in Baden im 19. und 20. Jahrhundert (= Volkskundliche Veröff. d. Badischen Landesmuseums Karlsruhe 1) Sigmaringen 1993, S. 61, Abb. 22.
[175] Anzeiger des Germanischen Nationalmuseums Nürnberg 1968, S. 144, Abb. 1.
[176] Conze 1972, S. 199 nach Thomas Carlyle: Einst und jetzt (Past and Present), deutsch: Göttingen 1899, S. 240f.
[177] TRE III, 1978, „Arbeit XII, 2: Kriterien evangelischer Arbeitsethik", S. 660-667. – Staatslexikon, 7. Aufl. I, 1985, „Arbeit II: Theologische und soziale Grundlagen, Sp. 201-204. – Ross, Lothar, u. Then, Werner: Christliches Arbeitsethos und moderne Arbeitskultur (= Dresdener Kathedralvorträge 7). Paderborn 1990. – Katholischer Erwachsenen-Katechismus, Bd. II: Leben aus dem Glauben. Freiburg 1995, „Arbeit als sittlicher Aufgabe", S. 399-404 (darin: „Der personale Charakter der Arbeit", S. 401ff.); „Gestaltungsaufgaben in der Arbeit", S. 405-414.
[178] Lamers, Theo u. Schenke, Günter: Von der Arbeitserziehung zur Arbeitslehre (Ms. Auszug aus der Zulassungsarbeit an der PH Neuss von ca. 1972).

Abstraktionen[179]. Doch dem war in der deutschen Reformpädagogik der Jahrhundertwende etwas ganz anderes vorausgegangen: die sogenannte „Arbeitsschulbewegung". Sie stand trotz aller Modernität gegenüber der humanistischen Bildungseuphorie des 19. Jahrhunderts und ihrer „Lernschule" in der Aufklärungstradition der Philantropen (J. P. Basedow, F. Kindermann u.a.) und ihrer Auffassung von notwendiger Erziehung zu Handarbeit als frühester Tätigkeitsform des Menschen. Auch die fast gleichzeitig entwickelte reformpädagogische „Werkschule" stellte sich gegen die „Buchschule", und spätere polytechnische Bildung für Kinder der „werktätigen Bevölkerung" (Bebel 1911) lassen sich hier auf der anderen Seite des politischen Spektrums in Parallele sehen[180]. Erziehung und manuelle Arbeit waren seit dem Beginn des 20. Jahrhunderts zumindest theoretisch bei allen damals modernen Bestrebungen stark aufeinander bezogen, so daß sich diese nach den fundamentalen Erschütterungen des Ersten Weltkriegs in den zwanziger Jahren experimentell austoben konnten.

Die völkische Perversion von „deutscher" Arbeit

Die ethnische Umdeutung der epochentypischen „Verfleißigung der Deutschen" (und der Schweizer), hat der Züricher Volkskundler Rudolf Schenda mit umfangreichem Material dargelegt[181]. In dem Maße,. wie Arbeit im preußisch-

---

[179] Postman, Neil: „Keine Götter mehr". Das Ende der Erziehung. Berlin 1995.
[180] Kerschensteiner, Georg: Begriff der Arbeitsschule. München 1912 (^{16}1965). – Reble, Albert: Die Arbeitsschule. Texte zur Arbeitsschulbewegung. Bad Heilbrunn ^{4}1979. – Vgl. für gewisse kulturelle Folgen bei Brückner, Wolfgang: Heimatkunst. Die Entdeckung von Volkskunst zwischen Heimatwerk-Bewegung und Volkswerk-Forschung. In: Weigand, Katharina (Hg.): Heimat. Konstanten und Wandel im 19./20. Jahrhundert. Vorstellungen und Wirklichkeiten (= Alpines Museum, Schriftenreihe 2). München 1997, S. 147-162, hier S. 155ff.
[181] Schenda, Rudolf: Die Verfleißigung der Deutschen. Materialien zur Indoktrination eines Tugend-Bündels. In: Jeggle/Korff/Scharfe/Warneken (Hgg.): Volkskultur in der Moderne (= rowohlts enzyklopädie 431). Reinbek b. Hamburg 1986, S. 88-108 [FS Hermann Bausinger]; Ders.: Fleißige Deutsche, fleißige Schweizer. Bemerkungen zur Produktion eines Tugendsyndroms seit der Aufklärung. In: Braun, Hans-Jürg (Hg.): Ethische Perspektiven. „Wandel der Tugenden" (= Zürcher Hochschulforum 15). Zürich 1989, S. 189-209.

protestantischen Aufklärungsgeiste zur deutschen Tugend wurde, gerieten Faulheit und Schlamperei in den Geruch, ein Ausfluß undeutschen Geistes sein zu müssen. Das deutsche Wesen, an dem einst die Welt genesen werde[182], wie einer unserer Schulvereins-Aufkleber Kaiser Wilhelm II. zitiert, konnte aufgrund dieser Meinung nur nach Berlin ausgerichtet sein. Das glaubte seinerzeit ernsthaft auch der aus Wien stammende berühmte Germanist Wilhelm Scherer[183]. Im 20. Jahrhundert war dann in bürgerlichen Kreisen der deutschen und zumal der österreichischen Katholiken der gleiche Arbeitsgeist längst internalisiert als eine Folge des sozialen Konkurrenzkampfes innerhalb der Gesellschaft. So stellt die konfessionelle Herkunft der einzelnen völkischen Neugläubigen kein alleiniges und unmittelbares Indiz für ideologische Prädispositionen dar.

Die „Nationalisierung der Arbeit" setzte in Deutschland um die Mitte des vorigen Jahrhunderts ein[184]. Sie wurde sowohl in Preußen wie in Bayern von zwei journalistisch erfahrenen Literaten propagiert, auf die sich spätere Autoren immer wieder berufen sollten: Gustav Freytag (1816-1895) mit seinem Roman „Soll und Haben" 1855 sowie dem soeben schon zitierten Wilhelm Heinrich Riehl (1825-1897) mit seinem Buch „Die deutsche Arbeit" von 1861. Freytags dreibändiger Kaufmannsroman wollte „das deutsche Volk da suchen, wo es in seiner Tüchtigkeit zu finden ist, nämlich bei seiner Arbeit", so formuliert es der Autor selbst. Das heißt, der Preis dieser Arbeit müsse als politische Tat gewertet werden, und darin wetteiferten seit der ersten Weltausstellung in London 1851 die Industrienationen Europas nicht bloß um neue Märkte, sondern gleichzeitig um bald ethnisch verstandenes Völkerprestige. Man sprach von Olympiaden, und der in den siebziger Jahren jeweils das Kunstgewerbe der Weltausstellungen beobachtende Kunsthistoriker Julius Lessing (1843-1908) formulierte über die erste Londoner Schau: „Das ganze Menschengeschlecht sollte sich an dieser Stätte fühlen wie eine einzige große Familie und die Arbeit

---

[182] Vgl. Kuh, Felix: Neue Aufgaben der deutschen Arbeit. In: Deutschlands Erneuerung (1917), S. 524-536, zit. nach Trommler 1979, S. 105 u. 123.
[183] Brückner, Deutsche Philologie 1988, S. 49f.
[184] Conze 1972, Kap. 14: „Nationale Arbeit", S. 208-211. – Trommler, Frank: Die Nationalisierung der Arbeit. In: Grimm, Reinhold u. Hermand, Jost (Hgg.): Arbeit als Thema in der deutschen Literatur vom Mittelalter bis zur Gegenwart. Königstein/Ts. 1979, S. 102-125.

sei ihre Mutter"[185]. Die damals noch unterentwickelten Länder und Regionen haben sich ab 1873 in Wien im Zusammenhang des Ausstellungsteils „Ethnographisches Dorf" mit Folkloristika präsentieren können, sozusagen mit Verkaufsambiente für „Volksschaffen" und gleichzeitiges Identitätsangebot für noch nicht industrialisierte Provinzen[186]. Nicht von ungefähr sprachen die Wirtschaftstheoretiker des 19. Jahrhunderts von „National-Ökonomie". Das ethnische Paradigma beherrschte im Zeitalter der politischen Nationalstaatsidee auch die Geistes- und Kulturwissenschaften. Wir sprechen deshalb heute von einer Erfindung der Ethnien in den Krisen der Moderne[187].

Der Begriff der „nationalen Arbeit" stammt aus Frankreich[188]. Wilhelm Heinrich Riehl hatte sein Buch „Die deutsche Arbeit", im Manuskript „Arbeit und deutscher Geist" betitelt, um weniger den national-ökonomischen als vielmehr einen neuen bewußtseinsmäßigen, quasi kulturellen Arbeitsbegriff „für die Nation" zu entwickeln, nämlich, daß der einzelne „mitwirkt, die Grundlagen unserers lebendigen Lebens, unserer Volkspersönlichkeit, eigenartig zu gestalten. Erst wenn dieser Gedanke nicht bloß dem schöpferischen Mann, sondern auch dem Handarbeiter zündend durch die Seele leuchtet und ihn vorwärts treibt, wird man sagen können, daß sich die wachsende Selbsterkenntnis der Nationen dann auch vollgültig und leibhaftig darstelle in der bewußten, persönlichen nationalen Arbeit"[189].

---

[185] Conze 1972, S. 210. – Das Zitat von Lessing hat mir Judith Orschler, Münster, aus der Wiener Historismus-Ausstellung von 1996 im Künstlerhaus mitgebracht.
[186] Der hier offenbar werdende Zusammenhang von Weltausstellungen und dem Ursprung der Freilichtmuseen in Europa ist den Volkskundlern ein geläufiges Faktum; vgl. dazu Zippelius, Adelhart: Handbuch der europäischen Freilichtmuseen (= Führer und Schriften des Rheinischen Freilichtmuseums Kommern 7). Bonn 1974, Einleitung S. 9-38, hier S. 23-26 mit weiterführender Lit.
[187] Köstlin, Konrad: Wissenschaft als Lieferant von Erfahrung. In: Volkskunde und Brauchtumspflege im Nationalsozialismus in Salzburg (= Salzburger Beiträge zur Volkskunde 8). Salzburg 1996, S. 25-34, hier S. 27-32.
[188] Conze 1972, S. 209, danach Trommler 1979, S. 104.
[189] Riehl, Wilhelm Heinrich: Die deutsche Arbeit. Stuttgart 1861 (1883), zum Titel s. S. 8f. u. 13, Zitat S. 108.

Daraus folgerte Riehl die Vorstellung einer allgemeinen, aber nur indirekten „Arbeits-Schule im großen Styl" entgegen dem für materialistisch ausgegebenen Profitdenken des modernen Wirtschaftens, weil es die „nationale Arbeit" sei, „durch die wir unsere Volkspersönlichkeit behaupten und fortbilden"[190]. 1937/1938 haben dann nationalsozialistische Printmedien davon ausgewählten Gebrauch gemacht[191], obgleich Riehl für die Juden ausgesprochene Bewunderung zeigte, wie wir schon gesehen haben[192]. Der volkskundliche Riehl-Spezialist seit den zwanziger Jahren, der Grazer Universitätsprofessor Viktor von Geramb, sah sich als gläubiger Katholik und gleichzeitig engagierter Volkstumskämpfer hier in direkter Nachfolge, ganz im Unterschied zu den bewußt neutralen ergologischen Studien des Grazer Germanisten Rudolf Meringer vor dem Ersten Weltkrieg. Reinhard Johler hat dies jüngst auf einem italienischen Symposion mit dem Titel „Il concetto scientifico di Deutsche Arbeit" näher ausgeführt und noch Josef Blau für Böhmen und Hermann Wopfner für Tirol hinzugenommen[193]. Von letzterem gibt es einen Artikel aus dem Jahre 1922: „Tirols Eroberung durch deutsche Arbeit"[194]. Das korrespondiert also völlig mit unseren Aufklebern aus jener Zeit. Sie zielen auf den nicht-ökonomischen, kulturellen Arbeitsbegriff des sogenannten Volksgeistes.

Wir wollen uns an dieser Stelle allein der Fortentwicklung dieses letzten Punktes zu einem biologistischen Syndrom näher zuwenden. Solches Denken hat späte Stereotypen für tatsächliche Völkereigenschaften gehalten und sich als politische Ideologie selbst „Völkische Bewegung" genannt. Sie ist uns in ihrer volkstümlichen Vereinsform der zwanziger Jahre in dem oben vorgeführten Wiener Turner-Album massiv begegnet und muß uns daher noch näher

---

[190] Riehl 1861, S. 58; III, Kap. 10: „Die nationale Arbeit im gesammten Volksbewußtsein". S. 104-108; XII „Arbeitsschule im großem Styl", S. 303-330.
[191] Rauecker, Bruno: Deutsche Arbeitskunst. In: Volk im Werden 2 (1937), S. 400-407. - Schneider, Wilhelm: Die deutsche Arbeit. In: Deutsche Arbeit 38 (1938), S. 177-179. - Beides nach Trommler 1979, S. 105.
[192] Riehl 1861, S. 63f.; den gesamten Text s. im Anhang: „Hier glänzt vorab das Volk Israel".
[193] Johler, Reinhard: Il concetto scientifico di Deutsche Arbeit e l'ergologia nell'area alpina. In: SM Annali di San Michele 1995, Nr. 8, S. 265-286.
[194] Wopfner, Hermann: Tirols Eroberung durch deutsche Arbeit. In: Tiroler Heimat 1 (1922), S. 5-38.

beschäftigen. Eingefügt sei ein Hinweis auf die allgemeinen „Heimatschutz"-Bestrebungen der Zeit um 1900, die damals aller Orten in Mitteleuropa gemeinsam mit den Ideen für „Naturschutz" und „Denkmalschutz" gesetzeswirksame Lobbies hervorbrachten und nicht unmittelbar etwas mit „Grenzschutz-Heimatarbeit" zu tun hatten wie in Österreich[195]. Sie gehören vielmehr in die bisweilen allzu vereinfacht als „antimodernistisch" eingestuften Reaktionen der Gesellschaft auf die Industrialisierungsfolgen[196]. In ihren Wurzeln und Zielrichtungen davon abzuheben sind die ausgesprochen völkischen Vereine und ihre ethnische Bewußtseinspflege.

Die Zeitschrift „Ostara" und ihre Broschüren des einstigen Zisterziensers (bis 1899) Jörg Lanz von Liebenfels (1874-1954), „der Mann der Hitler die Ideen gab", bildeten nur eine weitere österreichische Variante aus dem Jahrzehnt vor dem Ersten Weltkrieg[197]. In der durch den genannten Grazer Volkskundler Viktor von Geramb (1884-1958) mitgetragenen Zeitschrift „Südmark" annoncierte 1921 ein Salzburger namens Wüscher: „Urväterglaube. Ordensblatt für das Wilde Heer, verkündet den furor teutonicus, die heilige Wut, Wuotan, als Nationalreligion der deutsch-germanischen Arierkirche"[198].

Kein Wunder, wenn Autodidakten wie der aus Wien stammende Franz Xaver Kießling (1859-1940), der sich hochverdient um die Dokumentation der Waldviertler Erzähl- und Sachkultur gemacht hat, damals in germanensüchtigen

---

[195] Klueting, Edeltraud (Hg.): Antimodernismus und Reform. Beiträge zur Geschichte der deutschen Heimatbewegung. Darmstadt 1991. – Knaut, Andreas: Zurück zur Natur! Die Wurzeln der Ökologiebewegung (= Supplement z. Jb. f. Naturschutz u. Landschaftspflege 1). Greven 1993 [gleichzeitig: Münchner Diss. mit dem genaueren Untertitel: „Landschafts- und Heimatschutz im Wilhelmminischen Zeitalter"]. – Schönes Österreich. Heimatschutz zwischen Ästhetik und Ideologie (= Kat. d. Österr. Museum f. Volkskunde 65). Wien 1995.
[196] Brückner, Wolfgang: „Angewandte Volkskunde" zwischen Heimatschutz und Moderne. Progressivität von Tradition? In: Volkskunde und Brauchtumspflege im Nationalsozialismus Salzburg (= Salzburger Beiträge zur Volkskunde 8). Salzburg 1996, S. 35-55. – Ders.: Heimatkunst 1997.
[197] Daim, Wilfried: Der Mann, der Hitler die Ideen gab. Die sektiererischen Grundlagen des Nationalsozialismus (Wien 1985). Ausgabe Berlin 1991. – Vgl. dazu neuestens umfassender: Hamann, Brigitte: Hitlers Wien. Lehrjahre eines Diktators. München 1996. – Auch: Die Macht der Bilder. Antisemitische Vorurteile und Mythen. Jüdisches Museum der Stadt Wien 1995.
[198] Die Südmark 2 (1921), S. 251.

Kommentaren schwelgte, die von der seriösen österreichischen Volkskundeforschung schon seit einem halben Jahrhundert als grotesk zurückgewiesen werden[199]. Sein „völkisches" Deutschtumsbewußtsein zehrte von Weltanschauungsbünden wie dem „Verein Deutsche Heimat", seiner Zusammenarbeit mit dem Verein „Roland" oder Aktivitäten wie sie der Verein „Deutsches Vaterland" betrieben. Kießling war schon vor 1900 Oberturnwart im „Deutschen Turnerbund", zu dessen Gründungsvätern er gehörte, Mitglied beim antisemitischen „Bund der Germanen" und Exponent der „Los von Rom-Bewegung" in der „Ostmark". Da haben wir wieder alle genannten Komponenten beisammen.

Der „Deutsche Turnerbund" (DTB) enstand aus älteren österreichischen Turngauen im Jahre 1899 als ein Verband für „Deutsche arischer Abkunft"[200]. Er war von Anbeginn nationalistisch und rassistisch orientiert und hing darum ebenfalls eng mit den akademischen Burschen- und Turnerschaften zusammen. Es ging auch in Österreich um „deutsches Turnen" im „völkischen" Sinne von Friedrich Ludwig Jahn, der beim Nachfolgeverein ab 1919 weiterhin Leitfigur in Wort und Bild blieb, wie unser Album auf allen Seiten belegt. Die Aufkleber kündigen unter anderem das „2. Bundesturnfest" in Wien für den „Heumond" Ende 1926 an. Über den zur Sonnenrune kreisförmig stilisierten vier F als Vereins-Signet (frisch, fromm, fröhlich, frei) steht die alte Bundes-Devise „Rassenreinheit, Volkseinheit, Geistesfreiheit"[201]. Aus dem deutschen Turnerkreuz ist ein österreichisches Hakenkreuz geworden. Dazu dominieren die Farben des gerade untergegangenen deutschen Kaiserreichs: Schwarz-Weiß-Rot.

Turnen zählte stets zu den deutschesten aller Ertüchtigungsformen. Selbst der bayerische König Ludwig I., der sich als „teutscher" Fürst fühlte und an seiner um- und neubegründeten Hauptstadt-Universität München den ersten bayerischen Lehrstuhl für Deutsche Philologie (seit 1846 allgemein „Germanistik"

---

[199] Steininger, Hermann: Franz Xaver Kießling und die Volks- und Heimatkunde in Niederösterreich. In: Das Waldviertel 43 (1994), H. 1, S. 49-56. - Benda 1991, S. 195-248, zu F. K. Kießling als Protagonist ein eigenes Kapitel.
[200] Steininger (wie vorangegangene Anm.), S. 51 mit Lit. und Beispielen für Kießlings Aktivitäten.
[201] Benda 1991, Kap. F. L. Jahn, S. 56-68.

geheißen), errichtete, berief zunächst nicht den hochgelehrten Erforscher des Bairischen, L. J. A. Schmeller, und auch nicht den sich Hoffnungen machenden, katholisch gewordenen Dichter Heinrich Heine, sondern 1829 den Lieblingsschüler Friedrich Ludwig Jahns, Johann Ferdinand Maßmann aus Berlin, weil dieser zugleich den akademischen Turnunterricht einführen sollte[202]. Dieser „politische Germanist" wurde später in Preußen 1843 hauptamtlicher Generalbeauftragter für die Organisation des Turnunterrichts in allen Schultypen.

Der seit 1889 bestehende „Alpenländische Schutzverein" in Graz „Die Südmark", von dem so viele Aufkleber in unserem Album existieren, war 1920 mit seiner neuen Zeitschrift zugleich das regionale Mitteilungsblatt des DTB „Vom deutschen Turnen. Alpenländische Turnzeitung des Turnkreises Steiermark-Kärnten". Sein 18. Jahrgang erschien im ersten Jahrgang der neuen Zeitschrift, weil deren „Dietwarte" (soll bedeuten: Volkswarte) dort eine „ergiebige" Quelle von neuen Anregungen „für ihr Wirken und völkisches Wissen" geboten bekommen sollten.

„Zur Arbeit der Dietwarte" heißt es dann in der Beilage wörtlich: „Seine Tätigkeit umfaßt 1. Die Durchführung aller Vorschriften über völkische Erziehung im Vereine. Er ist aber auch verpflichtet, an anderen Orten und bei jeder sich bietenden Gelegenheit völkisch tätig zu sein ... 2. Die Schulung der Jungmannschaft und Zöglinge im deutschen Volkstume ... 3. An völkischen Gedenktagen, dann anläßlich der Sommersonnenwend- und Julfeier Ansprachen zu halten oder begabte Turner dazu heranzuziehen ... 4. Den Bewerber um das Vorturneramt, ferner die Kampfrichter und Wettturner auf die völkische Prüfung vorzubereiten [die seit 1907 zu den Wettkampfbedingungen der Turnfeste gehörte[203]] ... 5. Die Veranlagung und Begabung der Mitglieder dadurch zu fördern, daß er befähigte Männer zu Rednern vorbildet ... 6. In den Turnratsitzungen über das völkische Leben im Turnvereine Bericht zu erstatten, über die Belebung und Ausgestaltung desselben sowie über die Ausgestaltung

---

[202] Brückner, Deutsche Philologie 1988, S. 35.
[203] Benda 1991, S. 254ff. zum „Dietwesen", hier S. 256.

des völkischen Teiles von Festen, ferner über die Anhäufung von Büchern und Flugschriften Vorschläge zu machen ... 7. Die völkischen Leistungen des Vereins und seiner Mitglieder vorzumerken und hierüber nach den getroffenen Bestimmungen regelmäßig Bericht zu erstatten ..."[204].

Der Begriff des „Völkischen", der uns auf Schritt und Tritt begegnet und in dem soeben genannten Text sogar als „völkische Bewegung" aufscheint[205], ist erst nach 1900 aus Österreich vorgedrungen und galt in Deutschland noch in den zwanziger Jahren als unschön. „Völkisch" meinte zunächst „national", war lediglich eine neudeutsche Vokabel der 1870er Jahre in Sprachreinigungsabsicht[206]. Als Bewegung gehörten die späteren „Völkischen" zur sogenannten konservativen Revolution[207], auch wenn deren philosophischpolitische Vordenker von dieser bald zahlenmäßig großen Gilde der pädagogischen Praktiker, bramarbasierenden Burschenschafter und Turner, halbgebildeter Heimattümler und kleinbürgerlicher Spinner oft peinlich berührt sein mochten. Karl Kraus läßt in seiner Weltkriegs-Tragödie „Die letzten Tage der Menschheit" die 11. Szene als „Vereinsitzung der Cherusker in Krems" spielen. Dort persifliert er das Deutschtümeln von Österreichern mit welschen und slawischen Namen durch lächerlichen Begriffsgebrauch und irrwitziges Gedankengut der sprachohnmächtigen Spießer[208].

Armin Mohler hat zu solchen Wertungen kritisch angemerkt: „Alle diese Züge aber, die der völkischen Bewegung jenen grotesken Zug verleihen, dürfen nicht dazu verleiten, den in ihr ans Tageslicht tretenden Vorgang zu unterschätzen. Daß die Massen zu einem großen Teil den Kirchen fernbleiben, ist bereits

---

[204] Die Südmark 1 (1920), S. 51f. – Gesamttext s.u. im Ahg.
[205] Ebd., S. 50. – Allgemein vgl. das Handbuch zur Völkischen Bewegung 1871 bis 1918, hg. v. Puschner, Uwe / Schmitz, Walter / Ulbricht, Justus H. München 1996; hier im Anhang Kurzbiographien der völkischen Propagandisten und ein Verzeichnis der Organisationen und Institutionen aus dem Deutschen Reich..
[206] Kluge, Friedrich: Etymologisches Wörterbuch der deutschen Sprache. 18. Aufl. v. Walther Mitzka. Berlin 1960, S. 826; nicht mehr in der 22. Aufl. v. Elmar Seebold. Berlin 1989.
[207] Der Begriff heute gegen Mohler (1972) als zutreffend bestritten von Breuer, Stefan: Anatomie der konservativen Revolution. Darmstadt 1993.
[208] Kraus, Karl: Schriften, hg. v. Christian Wagenknecht. Bd. 10. Frankfurt/M. 1986, S. 347-349.

Selbstverständlichkeit geworden. Daß aber mitten in Europa plötzlich Religionsgemeinschaften mit erheblichem Anhang auftreten, welche außerhalb der überkommenen Konfessionen stehen – dies ist eines der erstaunlichsten Zeichen des Interregnums, in welchem wir uns befinden. Es trifft die Wirklichkeit wenig, wenn die völkische Bewegung, wie das häufig geschieht, als Ausgeburt einiger verschrobener Professoren gerne dargestellt wird. Gewiß gehören gerade solche Figuren samt ihren Adjunkten, den Studienräten und Landschulmeistern, zu den hauptsächlichen Trägern der Bewegung. Aber ihre oft so papierenen Erzeugnisse hätten niemals diesen Erfolg haben können, wenn der Boden nicht bereitet gewesen wäre"[209].

Diesen antikirchlichen Quasi-Religionsgemeinschaften gegenüber besaßen manche bloß National-Völkische in Österreich einen schweren Stand, wenn sie aktiven Katholizismus mit deutschnationaler Gesinnung verbinden wollten. Ein gutes Beispiel dafür bietet der im Zusammenhang mit Riehls „nationaler Arbeit" schon zitierte erste volkskundliche Lehrstuhlinhaber der Volkskunde in Graz Viktor von Geramb (1924 habilitiert, 1931 ao. Prof., 1939-45 entlassen)[210]. Er gehörte zu den eifrigen Autoren des 1920 ins Leben gerufenen Organs „Die Südmark. Alpenländische Monatsschrift für deutsches Wesen und Wirken". Der herausgebende Verein hat sich 1928 mit dem „Deutschen Schulverein" vereinigt[211]. Im 7. Heft des ersten Jahrgangs mußte sich Geramb gegen heftige Presseattacken des „Wiener Alldeutschen Tagblattes" vom „13. Brachmond 1920" wehren, weil er angeblich seinen „völkischen" Pflichten im Grazer Volkskundemuseum und in der neuen Zeitschrift nicht richtig nachkomme. Sein Aufsatz: „Volkstum und Glaube" hatte den Verdacht von

---

[209] Mohler, Armin: Die konservative Revolution in Deutschland 1918 bis 1932. Zweite, völlig neu bearbeitete und erweiterte Fassung. Darmstadt 1972, S. 131-138: die „Völkischen", zit. 137f. – Ansonsten s. Hohlwein, Hans: Völkische Bewegung. In: RGG ³VI (1962), Sp. 1424-1432, der einzige wirklich informative Übersichtsartikel. Dazu vgl. noch „Deutschgläubige-Bewegung", in: RGG ³II (1958), Sp. 108-112 (K. Hutten); „Deutschreligiöse Bewegungen" in: LThK ²III (1959), Sp. 305-309 (K. Algermissen); „Deutschgläubige Bewegungen", in: TRE VIII (1981), Sp. 554-559 (Kurt Nowack). – Zu den „Deutschkatholiken" s.o. Anm. 78 u. dazugehöriger Text.

[210] Zu Geramb generell vgl. Eberhart, Helmut: Nationalgedanke und Heimatpflege. Viktor Geramb und die Institutionalisierung der Volkskunde in Graz. In: Jacobeit, Wolfgang / Lixfeld, Hannjost / Bockhorn, Olaf: Völkische Wissenschaft. Wien 1994, S. 427-439.

[211] Klemm 1970, S. 11-13.

„Klerikalismus" erregt. Die Redaktion der „Südmark" stellte sich hinter ihren Autor[212].

Diese Zeitschrift brachte 1921 einen Bericht über die „Arbeitsdienstpflicht". Da könne Österreich nur lernen. Nach dem Verlust der Wehrpflicht müsse eine andere Form von Volkserziehungsschule im Dienst des Wiederaufbaus nach dem verlorenen Krieg treten. Es sollte „wirklich ein jeder, der den Spaten führen, einen Schiebkarren ziehen kann, eingezogen werden"[213]. Daß auch Lenin solche Gedanken propagiere, könne nicht davon abhalten, sie zumindest für die nächsten Jahre auszuprobieren. Man muß hier anfügen, wie sehr der Gedanke damals überall in der Welt virulent war. Auch Präsident Roosevelt's „New Deal" umfaßte zur Bewältigung der die USA heftig erschütternden Weltwirtschaftskrise 1933 u.a. einen freiwilligen Arbeitsdienst für junge Leute in Land- und Forstwirtschaft (bei fast 15 Millionen Arbeitslosen; 1939 noch knapp 10 Millionen[214].

Einzelne „völkische" Schutzbünde wie der durch Zusammenschluß in der Tschechoslowakei aus kleineren und älteren Vereinen 1932 entstandene „Bund der Deutschen" (BdD) praktizierte gemeinsame Einsätze mit seinem „Freiwilligen sudetendeutschen Arbeitsdienst", der ein Dutzend „Arbeitsdienstlager" unterhielt. Für unseren Zusammenhang besonders einschlägig wurden dabei ab 1924 die „Artamanenschaften" in Sachsen, Mecklenburg und Pommern. Sie suchten durch freiwilligen Arbeitseinsatz auf Rittergütern die polnischen Saisonarbeiter für das Rüben- und Kartoffelhacken sowie für die Getreideernte zu verdrängen. Sich jährlich steigernd, waren sie 1929 mit 2000 Mann auf dreihundert Gütern für den üblichen untertariflichen Lohn und zu spartanischen

---

[212] Geramb, Viktor: Ist das deutsche Volkskunde? In: Die Südmark 1 (1920), S. 180ff., dazu die Stellungnahme der Redaktion auf S. 183. – In 2 (1921), S. 309, verwahrte sich Geramb schon vorab gegen den Vorwurf des „Klerikalismus", als er „Julfeiern" statt „Weihnachtsfest" mit wissenschaftlichen Argumenten für unsinnig erklärte.

[213] Zois, Michelangelo Baron: Die Arbeitsdienstpflicht. In: Die Südmark 1 (1920), S. 73-75. Vgl. dazu den NS-Text von 1932 u. in unserem Ahg. u. zu Anm. 225.

[214] Eine vergleichende Länderstatistik zwischen 1921 und 1949 leicht zugänglich in der ersten Nachkriegsauflage des „Großen Brockhaus" I, 1952, S. 374; im neuesten „Sachlexikon" nur Prozenttabellen.

Bedingungen in den Schnitterkasernen der Wanderarbeiter tätig[215].

Zum „Bund Artam e.V." (1927) gehörten seit 1926 als Fördererverein die „Gesellschaft der Freunde der Artamanenbewegung" und als völkische Vordenkergruppe der „Bundschuh" mit Nachrichtenspalte in der jungbündischen Zeitschrift „Die Kommenden". Der Bund brüstete sich mit seinen Aktionen und Mitgliedern „vom Grafensohn bis zum Taglöhnerkind" und „von der Geheimratstochter bis zum Arbeiterkind"[216]. Nur zwei Prozent aber waren Studenten, dafür stammten 45 Prozent aus kleinbürgerlichen Kaufmanns-berufen[217]. Den bündischen Hintergrund bildeten Vorurteile gegen den modernen Urbanismus, eine Mythisierung des Landlebens und naiver Anti-Intellektualismus. Alternative Lebensformen von meist akademischen Ausstei-gern waren damals gang und gäbe[218]. Die allmähliche ideologische Ausrichtung der Artamanen bis zu „völkischer" Radikalität umfaßte: Anti-Slawismus, Anti-Semitismus, Arbeits- und Siedlungs-Aktivismus nach der Parole „Blut und Boden"[219]. Ziele waren zunächst die „innere Kolonisation", dann auch der Ruf nach deutscher Ostlandbesiedelung außerhalb der Versailler Reichsgrenzen.

Im „Bundschuh" wirkte der im Dritten Reich zur wissenschaftlichen Autorität aufgestiegene „Rassen-Günther" mit, und Heinrich Himmler hat für seinen NS-Orden, die SS (= Schutzstaffel), eine Reihe von Strukturelementen und Symbolen übernommen, voran die schwarze Uniform der Kluft und der sogenannten „Bauernfahne" der Artamanen. Michael Kater, der beste Kenner von Selbstverständnis und Kulturpolitik der SS, hat dies eindringlich dargestellt und als Fazit formuliert: „Die Schutzstaffel des Artamanen Himmler wurde nach dem Zusammenbruch laut Nürnberger Urteil als eine verbrecherische Organisation eingestuft und ging als solche in die Geschichte ein. Der Bund Artam aber, jene

---

[215] Kater 1971 grundlegend. – Schnitterkasernen sind zu sehen im Museum Alt-Schwerin, Malchow.
[216] Ebd., S. 585.
[217] Ebd., S. 586f.
[218] Vgl. Pausewang, Gudrun: Rosinkawiese. Alternatives Leben in den zwanziger Jahren. München 1989, S. 97 (Feste), S. 133 (Turnen), S. 140f. (Vegetarier, Antialkoholiker, kurze Hosen, Rucksack).
[219] Kater 1971, S. 590ff., 598f.

Schöpfung völkischer Ideologen aus der Frühzeit der Weimarer Republik, die ideengeschichtlich bei so mancher fanatischen Aktion der Schutzstaffel Pate gestanden hatte, geriet fast in Vergessenheit"[220].

Himmler hatte – wie oben dargestellt – bei den Artamanen den einstigen Kavalleristen Rudolf Höß kennengelernt und ihn 1934 für die Wachmannschaft in seinem ersten groß organisierten Konzentrationslager in Dachau abgeworben[221]. Dieser wollte 1929 nach der vorzeitigen Entlassung aus dem Zuchthaus Brandenburg durch eine politische Amnestie des Reichstages (gemeinsamer Mehrheitsbeschluß von Rechts- und Linksradikalen) in der Landwirtschaftsverwaltung tätig werden und nahm Beziehungen zu den Artamanen auf. Dazu schreibt er selbst:

„Dieser Bund und sein Ziel war mir schon während der Strafverbüßung durch das Schrifttum bekannt geworden und ich habe mich damit eingehend beschäftigt. Es war dies die Gemeinschaft junger, volksbewußter Menschen, Jungen und Mädel, aus der Jugendbewegung aller national-denkender Partei-Richtungen hervorgegangen, die einmal aus dem ungesunden, zersetzenden und oberflächlichen Leben der Städte, insbesondere der Großstädte, heraus zu einer gesunden, harten, aber naturgemäßen Lebensweise auf dem Lande zurückfinden wollten. Sie verschmähten Alkohol und Nikotin, ja alles, was einer gesunden Entwicklung des Geistes und des Körpers nicht dienlich ist. Und zum anderen: auf dieser Lebensgrundlage ganz zum Boden zurückzukehren, aus dem ihre Vorfahren hervorgegangen waren, zum Lebensquell des deutschen Volkes, zur gesunden bäuerlichen Siedlung. Das war auch mein Weg – mein lang gesuchtes Ziel. Ich gab meine Stelle als landwirtschaftlicher Beamter auf und reihte mich ein in die Gemeinschaft der Gleichgesinnten. Ich brach sämtliche Verbindungen mit den früheren Kameraden und mit den bekannten und befreundeten Familien ab, weil sie meinen Schritt aus ihren hergebrachten Anschauungen heraus nicht verstehen konnten und weil ich völlig ungestört mein neues Leben beginnen wollte. – Schon in den ersten Tagen lernte ich da meine zukünftige Frau ken-

---

[220] Ebd., S. 638.
[221] Höß 1958, S. 53; s. o. zu Anm. 67 in unserem Text.

nen, die, von den gleichen Idealen beseelt, mit ihrem Bruder den Weg zu den Artamanen gefunden hatte"... „Wir heirateten, sobald dies möglich war, um gemeinsam unser hartes Leben, das wir uns freiwillig aus innerster Überzeugung erwählt, anzupacken ... Glücklich und zufrieden waren wir, wenn wir durch unser Vorbild, durch unsere Erziehung immer wieder neue Gläubige für unsere Idee gewonnen hatten ... Bald sollte uns das Land zugewiesen werden. Es kam anders!"[222].

Damit nähern wir uns dem spezifischen Arbeitsbegriff des 1. Kommandanten von Auschwitz. Von den NS-Ideologen des Reichsarbeitsdienstes (RAD, seit 1935 gesetzlich verpflichtende Teilnahme aller Wehrfähigen) kennen wir Texte absurder Mythisierungen[223]. Im Jahr 1932 hielt der spätere Reichsarbeitsdienstführer Konstantin Hierl[224], damals MdR der NSDAP-Fraktion, von Hause aus bayerischer Generalstabsoffizier, einen Rundfunkvortrag über „Arbeitsdienstpflicht", worin es heißt: „Aus der Not hilft aber nur die Tat, und Armut kann nur überwunden werden durch Arbeit – wenigstens nach den Moralbegriffen des arischen Menschen"... „Arbeitsdienst bedeutet Arbeit am deutschen Heimatboden zur Verbesserung der Lebensbedingungen unseres Volkes" ... „Der Arbeitdienst soll eine große Erziehungsschule für unser Volk werden" ... „Der Name 'Arbeiter' soll ebenso wie der Name 'Soldat' ein an die vornehmsten Pflichten jedes Deutschen erinnernder Ehrentitel werden"[225]. Im selben Jahr stilisierte das Heldenpaar Arbeiter und Soldat literarisch, wenn auch weniger konkret und keineswegs auf die Hitlerpartei bezogen, Ernst Jünger (1895-1998): „Der Arbeiter: Herrschaft und Gestalt" (Hamburg 1932)[226]. Alfred Krüger, einer

---

[222] Ebd., S. 51f.
[223] Köhler, Henning: Arbeitsdienst in Deutschland. Pläne und Verwirklichungsformen bis zur Einführung der Arbeitsdienstpflicht im Jahre 1935. Berlin 1967. – Benz, Wolfgang: Vom freiwilligen Arbeitsdienst zur Arbeitsdienstpflicht. In: Vierteljahrshefte für Zeitgeschichte 16 (1968), S. 317-346.
[224] Stockhorst, Erich: 5000 Köpfe. Wer war was im 3. Reich. Bruchsal 1967 (Reprint Wiesbaden 1985), S. 197.
[225] Hierl, Konstantin: Nationalsozialismus und Arbeitsdienstpflicht (1932). In: Ausgewählte Schriften und Reden II. München 21943, S. 79f. (durch frdl. Vermittlung von Manfred Seifert, Passau), abgedruckt hier im Anhang.
[226] Vgl. dazu Schwarz, Hans-Peter: Der konservative Anarchist. Politik und Zeitkritik bei Ernst Jünger. Freiburg 1962. – Prümm, Karl: Die Literatur des soldatischen Nationalismus der 20er Jahre (1928-1933). Gruppenideologie und Epochenproblematik. (= Theorie – Kritik –

der Ideologen des Reichsarbeitsdienstes, brachte 1935 den Anspruch der Nationalsozialisten auf den Nenner: „Arbeiter, Bauern und Soldaten sind die Träger der politischen Revolution, des neuen Reiches und der neuen Kultur"[227]. Aber schon Carlyle hatte mehr als ein halbes Jahrhundert zuvor verkündet: „Es liegt ein dauernder Adel und etwas Heiliges in der Arbeit"[228].

Lagertore des „Nationalsozialistischen Reichsarbeitsdienstes" trugen bisweilen die Inschrift des RAD-Abzeichens „Arbeit adelt"[229]. Das führte zu dem mehrfach belegten Kalauer, der sich auch in dem Fotoalbum eines Hitlerjungen findet: „Dann bleiben wir lieber bürgerlich", das heißt: wir ruhen uns aus[230]. Aber bürgerlich war ja gerade jene Adelung der Arbeit als eigentlichem Gottesdienst, nach Carlyle: „Arbeiten heißt beten"[231]. Johann Heinrich Voß (1751-1826), der Antikenübersetzer, Klassizist und Verfasser des Epos „Luise" von 1795, schrieb 1801 ein Gedicht, betitelt: „Zur Arbeit", das in den Zeilen kulminiert: „Die Arbeit straft nicht Gottes Buch; / Der Arbeit Scheu ward unser Fluch"[232]. Das wiederum sollten die Nazis rassistisch umdeuten. Der soeben zitierte Reichsarbeitsdienstführer Konstantin Hierl formulierte in seiner Rede auf dem Nürnberger Reichsparteitag 1937, der unter dem bezeichnenden Motto

---

Geschichte 3,1). Kronberg 1974. – Bohrer, Karl-Heinz: Die Ästhetik des Schreckens. Die pessimistische Romantik und Ernst Jüngers Frühwerk. Frankfurt/M. 1983. – Segeberg 1991, Teil V „Krieg als Arbeit", S. 335-408. – Müller 1992/94, II, S. 19f. u. S. 225-270 (als Rückgriff auf Nizsche). – Segeberg, Harro: Technikverwachsen. Zur 'organischen Konstruktion' des 'Arbeiters' bei Ernst Jünger. In: Eggert, Hartmut/Schütz, Erhard/Sprengel, Peter (Hgg.): Faszination des Organischen. Konjunktion einer Kategorie der Moderne. München 1995, S. 211-232. – Gauger, Klaus: Krieger, Eremiten, Waldgänger, Anarch. Das kriegerische Frühwerk Ernst Jüngers. Frankfurt/M. 1997.

[227] Seifert, Manfred: Kulturarbeit im Reichsarbeitsdienst. Theorie und Praxis nationalsozialistischer Kulturpflege im Kontext historisch-politischer, organisatorischer und ideologischer Einflüsse (= Internationale Hochschulschriften 196). Münster/W. 1996, S. 340. – Vgl. zuvor ders.: Reichsarbeitsdienst und Volkskunde. Zur Instrumentalisierung volkskundlicher Inhalte, Personen und Institutionen durch nationalsozialistische Erziehung und Kulturarbeit. In: Jb. f. Volkskunde NF 17 (1994), S. 97-118.

[228] Carlyle-Auszüge bei Langewiesche 1913, S. 8.

[229] Seifert 1996, S. 184f. Zur Parole; zur Darstellung S. 210 mit Anm. 31 und S. 211 Abb. eines in Holz geschnittenen Abzeichens aus „Deutscher Arbeitsdienst" 5 (1935), S. 669.

[230] Jugend im nationalsozialistischen Frankfurt. Ausstellungsdokumentation. Frankfurt am Main 1987, Abb. S. 156.

[231] Carlyle-Auszüge 1913, S. 16 u. 23: „Laborare est orare", S. 27f. Ein eigener Absatz VII: „Arbeiten heißt beten"; mehr s. u. im Anhang.

[232] Münch (1984), S. 333; der gesamte Text u. in unserem Ahg.

„Parteitag der Arbeit" stand, mit Blick auf die eingeführte allgemeine Arbeitsdienstpflicht: „Unsere Arbeitslager sind Bollwerke gegen jene jüdisch-materialistische Arbeitsauffassung, die in der Arbeit nur ein Geldgeschäft, in der Arbeitskraft eine Ware sieht"[233]. Hitler selbst sprach den ethischen Arbeitsbegriff allein der „nordischen Rasse" zu, jener der jüdischen meine den „einer anderen Arbeit"[234]. Entsprechend fiel die NS-Kunst vom „Adel der Arbeit" aus[235], und für neues Design gab es ein „Amt Schönheit der Arbeit"[236], der 1. Mai aber hieß fortan programmatisch „Tag der nationalen Arbeit", also der deutschen Arbeitsauffassung im Sinne Hitlers.

Die Weimarer Republik verstanden die Sozialdemokraten als „Republik der deutschen Arbeit". Deren Anfang begannen sie regierungsamtlich mit einem Aufruf 1919: „Sozialismus ist Arbeit", gemäß dem Gothaer Programm von 1875, dem der Satz vorangestellt war: „Die Arbeit ist die Quelle alles Reichtums und aller Kultur"[237]. Aus der Sowjetunion haben nicht bloß die sozialistischen „Bruderstaaten" die zur Planübererfüllung anstacheln sollende Ehrungsform „Held der Arbeit" übernommen. Auch das Königreich Italien kannte in unserem Jahrhundert den „Cavaliere al merito del lavoro". Heute ist daraus ein allgemeiner Ordenstitel geworden: „Cavaliere del lavoro della Repubblica Italiana"[238]. Die Verfassung von 1946 beginnt nämlich mit dem Satz: „L'Italia e una repubblica, fondata sul lavoro". Der Volksmund fügt hinzu „altrui", nämlich die Arbeit „von anderen"[239]. Aus solch allgemeinem Zusammenhang ist in kommunistischen Herrschaftssystemen die Bedeutung von Arbeit

---

[233] Der Parteitag der Arbeit, 6. bis 13. September 1937. München 1938, S. 90, zit. nach Conze 1972, S. 214. – Schon 1932 hatte er Himmlers "Meilensteine" vorformuliert; vgl. u. Ahg.

[234] Ebd., S. 214f. mit zahlreichen Einzelbelegen.

[235] Schirmbeck, Peter: Adel der Arbeit. Der Arbeiter in der Kunst der NS-Zeit. Marburg 1984. – Zum Thema „Arbeit in der bildenden Kunst" s. die allgemeine Lit. bei Asholt/Fähnders 1991, S. 311.

[236] Trommler 1979, S. 122, mit kurzer Erklärung. – Versteigerungskatalog Kunstauktionshaus Zemanek. Würzburg 27. Juli 1996, S. 27, Nr. 150 Servierplatte von Rosenthal 1938 mit Farbstempel „Modell des Amtes Schönheit der Arbeit", worauf mich frdl. Matthias Wagner, Würzburg, hingewiesen hat.

[237] Trommler 1979, S. 106, 119.

[238] Der Italien Brockhaus. Wiesbaden 1983, S. 53.

[239] Darauf macht mich der Kollege Arnold Zingerle, Bayreuth, aufmerksam.

für Existentsein erwachsen, z.B. „arbeitende Kirche" für ein noch nicht geschlossenes, kirchlich betreutes Gotteshaus. Auch Theodor Herzls Zionismus stellte den kommenden „Judenstaat" ganz auf das Prinzip der landwirtschaftlichen Arbeit, und er entwickelte dazu eine entsprechende Arbeitserziehung[240].

Nach der NS-Machtergreifung wurden 1933 unter anderem die Gewerkschaften aufgelöst und dafür die „Deutsche Arbeitsfront" als 'Massenorganisation' gegründet, wie das Leninisten (ebenfalls nach Gleichschaltung von Gewerkschaften) nennen. Auch die sozialistische Agitation für Arbeitspflicht lief über populäre Texte und Bilder. Die Wandschmuckindustrie für Papierkanevas (Stickbilder) produzierte in den beiden ersten Jahrzehnten unseres Jahrhunderts Arrangements um Photographien von Marx und Engels oder Bebel und Lasalle, auch Singer und Liebknecht mit dem Sinnspruch aus der 3. Strophe des Gewerkschaftsliedes „Arbeiter-Feldgeschrei" von ca. 1870: „Wir wollen den Frieden, Freiheit und Recht / Daß Niemand sei der Andern Knecht / Daß Arbeit aller Menschen Pflicht / und Niemand es an Brod[!] gebricht"[241]. Dieses Vokabular hat später die SED-Zeitung „Neues Deutschland" weitergepflegt[242].

So ist am Ende der bürgerlichen Epoche „das Kapital" von Sozialisten und Nationalsozialisten gleichermaßen als moderne Leisure-Class verschrien worden. Ihre Vertreter seien Plutokraten, die ohne Handarbeit zu Vermögen und Bauch gelangen[243]. George Grosz hat sie mit Bowler karikiert: die Kommerzienräte, Rentiers, Makler, Börsenspekulanten, Fabrikherrn, Konzernchefs;

---

[240] S. unten im Kap. „Zum Problem der Freiheit durch Arbeit", zu den Anm. 286.
[241] Der Text stammt von Stücken der Museen Basel (Gantner, Theo: Schmücke Dein Heim. Ausstellung 1977/78 des Schweizerischen Museum für Volkskunde zum populären Wandschmuck. Basel 1977, S. 40, Abb. 65f.); Rüsselsheim und Archiv der Friedrich-Ebert-Stiftung Bad Godesberg (Korff, Gottfried, Hg.,: Ausstellungsführer = Preußen. Versuch einer Bilanz I. Reinbek b. Hamburg 1981, S. 528, Nr. 26/20 u. 21); Stadt Lichtenstein in Sachsen (frdl. Mitt. von Frau Anne-Sophie Günther, Leiterin des Museumsaufbaus). - Jetzt Keß, Bettina: „Proletarische Haussegen". Zu einer kaum bekannten Gattung von Papierkanevas. In: Jb. f. Volkskunde NF 20 (1997), S. 179-194, hier unter 63 Katalognummer die Nr. 1-37.
[242] Zum DDR-Wort-Gebrauch vgl. Hellmann, Manfred W.: Wörter und Wortgebrauch in Ost und West. 3 Bde. Tübingen 1992 (aufgrund der Zeitungen „Die Welt" und „Neues Deutschland" zwischen 1949 und 1974), s.v. „Arbeit", S. 58-68; weitere Komposita ab S. 69.
[243] Brocker 1992, S. 426-443: „Die Tätigkeits- und Produktionseuphorie der Neuzeit: Das Prinzip Arbeit".

für die Nazis alles vornehmlich Juden, denen man im KZ das eigentliche Arbeiten beibringen müsse. Typischerweise hießen die Internierungsanstalten bei den Kommunisten im Sowjetreich ebenfalls Arbeitslager und lieferten billige Arbeitskräfte für auf Dauer tödliche Strapazen. Neueste Studien nennen „Stalins Zwangslager – Terrorinstrument und Wirtschaftsgigant" für die Jahre 1928-56[244]. In Vietnam gibt es weiterhin „Lager für Arbeit und Erziehung", in die zur Zeit rückgeführte Boatpeople und Zigarettendealer „zunächst" eingeliefert werden, wie unsere Medien berichten. In China existieren heute noch 1100 (!) Arbeitslager mit 6-8 Millionen Insassen, deren Produkte nach dem Willen der Fraktion des Deutschen Bundestages von „Bündnis 90/Die Grünen" (November 1995) boykottiert werden sollten. Der Bürgerrechtler Harry Wu zog dabei in Bonn einen direkten Vergleich mit den NS-Konzentrationslagern. Er habe in einem Fall sogar die Inschrift „Arbeit macht frei" gesehen[245], was in der Logik der Umerziehung zu „Neuen Menschen" liegt. Sie geschieht mit dem Ziel der inneren Zustimmung zum Lager-Terror und die „Umformung durch Arbeit"[246].

Für KZ-Häftlinge hieß, zumal in Auschwitz bei der „Selektion", die Kategorisierung „arbeitsfähig" bestimmt sein zur „Vernichtung durch Arbeit", ein Begriff, der 1942 tatsächlich in den Quellen zweimal auftaucht und heute von der Forschung häufig verwendet wird[247]. In der berüchtigten Wannseekonferenz mit dem Beschluß der „Endlösung der Judenfrage" heißt es im Protokoll u.a. euphemistisch: „Unter entsprechender Leitung sollen im Zuge der Endlösung die Juden in geeigneter Weise im Osten zum Arbeitseinsatz

---

[244] Stettner, Ralf: „Archipel GULAG". Stalins Zwangslager – Terrorinstrument und Wirtschaftsgigant. Entstehen, Organisation und Funktion des sowjetischen Lagersystems 1928 - 1956. Paderborn 1996. – Im Erscheinen: Sowjetische Speziallager in Deutschland. 1945-50. Hg. v. Sergej Mironenko, Lutz Niethammer und Alexander v. Plato u.a. 3 Bde. Berlin I, 1998.

[245] Eine dpa-Meldung von Ende November 1995, z.B. in der Mittelbayerischen Zeitung 50. Jg., Nr. 285 v. 29.11.1995: „Harry Wu: Regierung soll Arbeitslager verurteilen".

[246] Domenach, Jean-Luc: Der vergessene Archipel. Gefängnisse und Lager in der Volksrepublik China. Hamburg 1995.

[247] Brackmann / Birkenhauer 1988, S. 21. – Darüber s. ausführlich: Sklavenarbeit im KZ. = Dachauer Hefte 2 (1986) H.2. – Kaienburg, Hermann: „Vernichtung durch Arbeit". Der Fall Neuengamme. Die Wirtschaftsbestrebungen der SS und ihre Auswirkungen auf die Existenzbedingungen der KZ-Gefangenen. Bonn 1990, S. 3ff. zur Begriffsherkunft und dem heutigen Gebrauch.

kommen. In großen Arbeitskolonnen ... werden die arbeitsfähigen Juden straßenbauend in diese Gebiete geführt, wobei zweifellos ein Großteil durch natürliche Verminderung ausfallen wird"[248]. Die Historiker haben aus der Praxis des Vollzugs dafür folgende Kategorien entwickelt: „Die seelische Erniedrigung der Inhaftierten durch körperliche Gewalt und Schikane; das Vorenthalten hinreichender Ernährung, Kleidung, Unterbringung und Krankenversorgung sowie kräftezehrende körperliche Arbeit"[249].

Im letzten halben Jahr der Existenz des KZs Dachau sind auf diese Weise in den elf Außenlagern unter dem Sammelnamen Kaufering zwischen August/ November 1944 und April 1945 bei den Bunkerbauten für bombensichere dezentrale Produktionsstätten der zerstörten Rüstungsindustrie, hier vornehmlich für den Flugzeugbau, rund 20 000 Männer umgekommen, zum Großteil ungarische und litauische Juden im Alter zwischen 16 und 26/30 Jahren[250]. Sie waren zum Teil in Auschwitz als arbeitsfähig selektiert und an die OT (= „Organisation Todt") zum Bunkerbau in den Westen verfrachtet worden. Im Umkreis von Dachau trafen davon wöchentlich Transporte mit zwei bis dreitausend Mann ein. Gemessen an den 43 000 Toten, die Dachau mit den Nebenlagern im Verlaufe seines gesamten zwölfjährigen Bestehens verursacht hatte, offenbaren die fast 50 % davon innerhalb von wenigen Monaten das klare Ziel der Kauferinger OT-Baukolonnenlager, nämlich die Vernichtung durch Arbeit, wozu primitive Erdlochbarracken, Fleckfieber und Essensausgabe am Arbeitsort, das heißt nur für die wirklich noch Arbeitenden diesen gewollten Prozeß der Liquidierung beschleunigten. Soziologen sprechen in einem weiteren, das moderne Phänomen Arbeit insgesamt analysierenden Sinn von „destruktiver Arbeit"[251] im Gegensatz zum befriedigenden und daher produktiven Tätigsein, das erst im Verlaufe der letzten zweihundert Jahre den aufklärerischen Ehrentitel „Arbeiten" erhalten hat.

---

[248] Ebd. S. 3.
[249] Ebd. S. 4.
[250] Frdl. Mitt. von Michael Neher, Haus der Bayer. Geschichte, Augsburg, der z.Z. entsprechende Statistiken erstellt für die Neugestaltung des Museums in der Gedenkstätte Dachau.
[251] Clausen, Lars: Produktive, destruktive Arbeit. Soziologische Grundlagen. Berlin 1988, S. 158-162 Lit. zur Arbeitssoziologie; Kap. 6.2 „Arbeit im SS-Staat", S. 72-80.

Mit der Aufwertung von Arbeit zur bürgerlichen Tugend war Arbeiten zum Beten geworden und intellektuelle Schreibtischtätigkeit (die Aufgabe der mittelalterlichen „Oratores") zu geadelter Arbeitsleistung säkularisiert. Jenes Phänomen beschreibt lebensgeschichtlich ein Text aus DDR-Zeiten im Jenaer Museum „Ernst-Haeckel-Haus". Der neodarwinistische Theoretiker der Vererbung erworbener Eigenschaften und des monistischen Fortschrittsdenkens Ernst Haeckel (*Potsdam 1834, † Jena 1919) habe von seiner christlich denkenden Mutter „den Wert der Zeit und das Glück der Arbeit" als Erziehungsprogramm erfahren[252].

An die Macht gekommene „Arbeiter"-Parteien müssen zwangsläufig „Volks"-Parteien sein wollen, d.h. alle volkswirtschaftlich Aktiven einbinden und von „gerechten" Löhnen sprechen, auch wenn Anspruch und Wirklichkeit weiterhin auseinanderklaffen[253]. Die NS-Formulierung „Arbeiter der Stirn und der Faust" besitzt Vorstufen im 19. Jahrhundert, hat aber erst „Adolf Hitler populär gemacht", der sie „in seinen Reden ständig gebrauchte"[254], während im Reichsarbeitsdienst die Handarbeit auf der „Scholle" das Blut dem Boden wieder nahebringen sollte[255]. Als nicht-arbeitend im eigentlichen Sinne galten demnach alle, die mit Geld wirtschaften, womit wir schnell wieder zum Juden-Stereotyp gelangen. Es ist daher kein Zufall, daß die antisemitischen völkischen Deutschtumsbünde den Begriff der Arbeit so hoch stilisiert haben. Er wurde zur Erlösungsformel der germanischen Arierreligion. Darum haben seinerzeit nationalsozialistische Volkstumswissenschaftler rasch den Begriff der adelnden Arbeit für sich in Anspruch genommen und 1934 die Festschrift für ihren ganz und gar nicht braunen Lehrmeister Otto Lauffer in Hamburg mit „Volkskunde-Arbeit" überschrieben[256].

---

[252] Geisteswissenschaften, FAZ v. 8.11.1995, Nr. 260, S. N 5.
[253] Siegel, Tilla: Leistung und Lohn in der nationalsozialistischen „Ordnung der Arbeit". Opladen 1989. – Gruner, Wolf: Arbeitsmarkt und Sondererlaß. Menschenverwertung, Rassenpolitik und Arbeitsamt. Berlin 1990.
[254] Berning 1964, S. 15f. – Brackmann / Birkenhauer 1988, S. 20 u. 118. – Vgl. Sternberger / Storz / Süskind 1968, S. 102-108: „Kulturschaffende" (Süskind).
[255] Seifert 1996, S. 64: „Versöhnung von Kopf- und Handarbeitern" (Hierl); S. 171f.: „Körperliche Arbeit auf die Arbeit am Boden reduziert".
[256] Bargheer, Ernst u. Freudenthal Herbert (Hgg.): Volkskunde-Arbeit. Zielsetzung und Gehalte. Otto Lauffer zum 60. Geburtstag. Berlin 1934.

Die völkische Ideologisierung von Arbeit läßt sich am Beispiel des Reichsarbeitsdienstes noch genauer aufzeigen. Manfred Seifert analysiert diese „Kulturarbeit" unter der Prämisse von „Naturbezug" wie folgt: „Solchem Arbeitsbegriff ist eine Logik inhaerent, die fernab von materiellen und industriekapitalistischen Vorstellungen von Lohnarbeit auf eine basale Kategorie abzielt: den anthropologischen Drang nach Aktivität und konstruktiver Gestaltung, der – so will es der Nationalsozialismus – dem germanischen Rasseideal im höchsten Maße immanent ist"[257]. Man darf hier ergänzend erläutern, daß zur besseren Unterscheidung zwei Arbeits-Ideologien gegeneinandergestellt sind. Die marxistisch-leninistische Auffassung von Arbeit hat zuvorderst Industriearbeit im Blick und definiert für die Gegenwart Arbeit zum wesentlichen Charakteristikum des Menschen als gesellschaftlichem Wesen[258]. Sie unterteilt in entfremdend ausbeuterische (= kapitalistische) Arbeit und befreiend sozialistische Arbeit. Die Auschwitz-Devise konnte damit verbal korrespondieren. Die NS-Ideologisierung von Arbeit war hingegen biologistisch und agrarromantisch begründet, bezog sich auf angebliche Charaktereigenschaften, weshalb in die Konzentrationslager als Erziehungs- und Produktionsstätten unter anderem „Arbeitsscheue" und „Volksschädlinge" eingeliefert wurden[259].

Rudolf Höß hat bezeichnenderweise gerade von diesen ausführlich geschrieben, wie seine zitierten Texte zeigen. Darüberhinaus berichtet er über seine frühen KZ-Erfahrungen in Dachau ab 1934, daß die Stubenältesten aus politischen Häftlingen, meist Kommunisten rekrutiert wurden, die im Krieg Soldat gewesen waren: „Sie brachten den Arbeitszwangshäftlingen, die meist bös verkommen und liederlich ins Lager eingeliefert worden waren, Ordnung und Sauberkeit bei, ohne daß ich auch nur je ein Wort sagen brauchte. Die Arbeitszwangshäftlinge befleißigten sich auch, aus sich heraus nicht aufzufallen. Hing es doch

---

[257] Seifert 1996, so in der umfangreicheren Dissertationsfassung, Passau 1994, S. 422.
[258] Wörterbuch der marxistisch-leninistischen Soziologie. Opladen ²1971, S. 21-24, s.v. „Arbeit"; vgl. u. a. „Arbeitsmoral", S. 28f., vgl. dazu die Vorstufen im Strafgesetzbuch von 1871 und seinen Folgen, im Zusammenhang des KZ Breitenau (s. o. Anm. 92).
[259] Dazu s. Broszat 1965, S. 90ff. (für 1937/38) u. S. 121f. („Arbeitserziehungslager"). – Brackmann / Birkenhauer 1988, S. 21f. („Arbeitserziehungshäftling", „Arbeitserziehungslager", „Arbeitslager", „Arbeitsscheue").

von ihrer Führung und von ihrer Arbeitsleistung ab, ob sie nach einem halben Jahr entlassen werden konnten, oder ob noch ein weiteres Viertel- oder Halbjahr zur Erziehung notwendig sei!"[260].

Eine Programmschrift des RAD aus demselben Jahre 1934 formuliert: „Denn die Arbeit ist ... in erster Linie das sittliche Fundament des Lebens. Sie muß getan werden, auch wenn sie materiell wenig abwirft, einfach nur um des zur Arbeit geborenen Menschen willen, denn die Arbeit ist kein Fluch, sondern gereicht dem Menschen zum Segen, der sie treu und redlichen Sinns erfüllt. So aufgefaßt, wird die Arbeit zum Inhalt des Lebens", und 1935: „Das Schlagwort 'Blut und Boden' wird für uns somit zu einer lebendigen Wahrheit. Die Kraft, die Arbeit wieder als etwas Naturhaftes zu erleben, löst schöpferische Kräfte aus", und 1939: „Diese neue deutsche Kultur ... ist eine Angelegenheit des deutschen Arbeitsvolkes, das heißt im umfassendsten Sinne des Wortes eine 'Volkskultur'"[261].

Der einstige „Artamane" Heinrich Himmmler besuchte im August 1939 das drei Jahre zuvor durch den „Inspekteur der Konzentrationslager" Theodor Eicke (1. Lagerkommandant von Dachau 1933) in der Nähe der Reichshauptstadt Berlin errichtete „moderne" oder „idealtypische" KZ Oranienburg-Sachsenhausen, dessen SS-Kommandatur seit April 1938 zugleich die zentrale Leitung aller KZs beherbergte. Für den Empfang des Reichsführers der SS wurden die Stirnwände der ersten Ringe von Baracken um den Appellplatz mit der Dachauer Inschrift auf den Dachziegeln des dortigen Hauptgebäudes verziert: „Es gibt einen Weg zur Freiheit! Seine Meilensteine heißen: Gehorsam, Fleiß, Ehrlichkeit, Ordnung, Sauberkeit, Nächstenliebe, Wahrhaftigkeit, Opfersinn und Liebe zum Vaterlande"[262]. Es ist der Tugendkanon der deutschen Aufklärung, vermittelt über Leittexte des RAD. Der „Artamane" Rudolf Höß war ein Jahr zuvor von Dachau nach Sachsenhausen versetzt worden. Er dürfte daher die

---

[260] Höß 1958, S. 57.
[261] Seifert 1996 in der umfangreicheren Dissertationsfassung, Passau 1995, S. 423f. nach Fritz Edel, in: Deutscher Arbeitsdienst 4 (1934), S. 8; „Beitrag zur Feierabendgestaltung", in: ebd. 5 (1935) Folge 23, S. 17 und Anna Kallsperger: Nationalsozialistische Erziehung im RAD für die weibliche Jugend. Phil. Diss. Leipzig 1939, S. 71.
[262] S.o. zu den Anm. 49-51 u. im Ahg. Text von 1932.

Anbringung der Inschrift auf dem Appellplatz in Sachsenhausen mitentworfen haben und hat als Aufbau-Kommandant von Auschwitz 1940 die dortige Tor-Devise veranlaßt[263]. Ihm wird als völkischem Aktivisten der 20er Jahre der damalige Slogan des „Deutschen Schulvereins" nicht unbekannt gewesen sein[264].

Ruth Klüger, eine Überlebende von Auschwitz-Birkenau, damals zwölf Jahre alt gewesen, erinnert sich 1992 an Inschriften, die es dort noch zu sehen gibt: „Jeder kennt heute den Spruch 'Arbeit macht frei' als Motto einer mörderischen Ironie. Es gab noch andere derartige Sprichwörter auf den Querbalken unserer Baracke. 'Reden ist Silber, Schweigen ist Gold' war eines. Noch besser war 'Leben und leben lassen'. Ein früherer Transport, den es nicht mehr gab, hatte diese Sprüche anfertigen müssen. Ich starrte sie täglich an, angewidert von ihrem absoluten Wahrheitsanspruch, den diese Wirklichkeit als totale Lüge bloßstellte. Mir sind deutsche Sprichwörter seither ein Greuel, ich kann keines hören, ohne es mir auf dem Querbalken einer KZ-Baracke vorzustellen und es sofort mit einer abwertenden Bemerkung zu entkräften. Mit derartigen scheinbaren Zynismen hab ich schon manche fromme Seele irritiert, der solche lebensspendenden Weisheiten nicht im Vernichtungslager kundgeworden sind"[265].

Der in Amerika lehrende Germanist Wolfgang Mieder hat 1996 über „Language and Folklore of the Holocaust" geschrieben und dort den politischen Mißbrauch von Sprichwörtern und Redensarten als Vergiftung der Alltagssprache charakterisiert[266]. Dies wurde von der Reichspropagandaleitung der NSDAP zwischen

---

[263] Ebd. u. Höß 1958, S. 68, Anm. 2.

[264] Selbst im regionalen Umkreis von Auschwitz konnte man den Slogan kennen, weil hier im einst österreichischen Galizien „völkische" Lehrer und Studenten in den zwanziger und dreißiger Jahren von Österreich aus aktiv waren. Deren Bielitzer Seilschaft aus dem benachbarten Österreichisch-Schlesien kennen wir zum Teil als Volkskundler in Wien zu dieser Zeit. Vgl. dazu Strzygowski, Josef u. Karasek, Alfred u.a.; erste Hinweise bei Schmidt, Leopold: Geschichte der österreichischen Volkskunde. Wien 1951, S. 137f. zu „Heidnischwerk" und Sprachinsel-Volkskunde.

[265] Klüger, Ruth: „weiter leben". Eine Jugend. Göttingen 1992 (dtv 1994), S. 119. – Vgl. Abb. in Hartmann 1995; er war eine der erhalten gebliebenen Krankenbaracken, errichtet aus mobilen Pferdestellen.

[266] Mieder, Wolfgang: Language and Folklore of the Holocaust. In: Ders. u. Scrase, David

1936 und 1943 u.a. durch die Verbreitung einer wöchentlichen Wandzeitung, die „Parole der Woche", gefördert. Hundert der edierten 400 Nummern sind 1983 veröffentlicht und kommentiert worden. Darunter befindet sich von 1936: „Die deutsche Arbeit marschiert", eine Statistik der einstigen Arbeitslosenzahlen. Aus dem Jahr 1937 stammt: „Ehre die Arbeit – achte das Brot" zum Erntedankfest[267].

Wie Losungen zu Kirchentagen gehören, so zieren Parolen Parteitage. Sie markieren das jeweilige Leitthema. In totalitären Systemen entwickeln deren Propagandaapparate mit Hilfe ihrer „Schulungsarbeit" die Allgegenwart von Merksätzen und Anforderungskatalogen zu einem täglichen Wahlkampf ohne Alternativen. In den sozialistischen Staaten haben deshalb im letzten halben Jahrhundert Transparente, Wandzeitungen, Supraporten das Bild der Städte und Dörfer geprägt. Die Nationalsozialisten produzierten, formal betrachtet, nur eine weitere Variante dieser optischen Gehirnwäsche-Versuche unseres Jahrhunderts der Ideologien. Um die Gefahren des völkischen Arbeitsbegriffs und seiner mörderischen Konsequenzen zu erkennen, müssen wir uns mit dem gemeinten Sinn der sich daran knüpfenden Freiheitshoffnungen näher auseinandersetzen.

Zum Problem der Freiheit durch Arbeit

Die Adelungsbemühungen von einst knechtischer Arbeit haben Sozialismus und Nationalsozialismus überlebt, und wir alle verinnerlichen dies bis auf den heutigen Tag. Auch wir reden ständig von „Sozialarbeit" und „Kulturarbeit" (schon bei Sigmund Freud benutzt), seit längerem von „Trauerarbeit" und

---

(Hgg.): The Holocaust. Introductory Essays. Burlington/Vermont 1996, S. 93-106. Der Autor hat mich auf folgenden Forschungsbericht aufmerksam gemacht: Baur, Rupprecht S./Chlosta, Christoph/Grzybek, Peter: Das Projekt „Sprichwörter – Minima im Deutschen und Kroatischen". In: Muttersprache 106 (1996) H. 2, S. 162-179, hier S. 173 im Kap. „2.2.2. Basisform, Standardvarianten und Variantenheterogenität" über den gegenwärtigen Bekanntheitsgrad von „Arbeit macht das Leben süß", heute verdrängt vom NS-Slogan „Arbeit macht frei".

[267] Hagen, Franz-Josef (Hg.): Parole der Woche. Eine Wandzeitung im Dritten Reich 1936-1943. München 1983, S. 28 u. 47.

neuestens von „Gedenkarbeit", was gleich der kirchlichen „Friedensarbeit" gewiß mit „Bibelarbeit" zu tun hat. Davon ebenfalls abgeleitet scheint die „Leibarbeit" als Ergänzung von Spiritualität und allerneuestens die unbezahlte „Bürgerarbeit". Nur die „Heimatarbeit" oder „Volkstumsarbeit" und der NS-Begriff „Schulungsarbeit"[268] sowie die „Schulen der sozialistischen Arbeit" samt ihrer spezifischen „Ferienarbeit" sind verschwunden. Dafür nennt sich in Österreich zur Zeit eine moderne Form der Heimatpflege „Volkskulturarbeit"[269].

Bislang unreflektiert geblieben ist für „Arbeit macht frei" der hier gemeinte Freiheitsbegriff. Beim Demokratieverständnis z.b. wird er gegenwärtig in den Auseinandersetzungen mit der einstigen DDR und ihren heutigen Schönrednern vielfach zur offenen Frage. In Auschwitz hingegen diente die eindeutig für deutsche Adressaten erfundene Freiheits-Devise den „Undeutschen" als Menetekel. Wir interpretieren das aus den oben vorgestellten Quellen zum NS-Arbeitsbegriff: Wer aus rassischen Gründen nicht zum Arbeiten geboren ist, verdient nicht zu leben. Frei kann nur der arbeitende Mensch sein. Darum durften in Auschwitz, das nicht bloß „Vernichtungslager" war, sogenannte „Arbeitsjuden" zunächst am Leben bleiben[270]. Das Teillager Auschwitz-Birkenau diente der alleinigen Aufgabe als Tötungsanlage.

Es ist hier nicht der Ort, die Geschichte einer Philosophie der Freiheit zu referieren[271], doch es bleibt in unserem Zusammenhang notwendig, die sprach-

---

[268] Sternberger / Storz / Süskind 1968, S. 174-181, s. v. „Schulung" (Storz).

[269] Vgl. „Sommerakademie Volkskultur" Schloß Traunsee/OÖ mit dem Tagungsthema 1997: „Volkskultur-Arbeit" über die „kommunikativen Kulturformen" der „volkskulturellen Institutionen".

[270] Brackmann/Birkenhauer 1988, S. 21f. (mit Querverweisen); vgl. Wulf (wie Anm. 5), s. v. - Kaienburg (wie Anm. 154), S. 227-336: „Die Wirtschaftsbestrebungen der SS".

[271] Nahrstedt, Wolfgang: Die Entstehung des Freiheitsbegriffs der Freizeit. Zur Genese einer grundlegenden Kategorie der modernen Industriegesellschaften 1755-1826. In: Vierteljahrsschrift für Sozial- und Wirtschaftsgeschichte 60 (1973), S. 311-342. - Conze, Werner: Freiheit. In: Geschichtliche Grundbegriffe. Historisches Lexikon zur politisch-sozialen Sprache in Deutschland. II, Stuttgart 1975, S. 425-542; vgl. dazu in I, s. v. „Arbeit", Kap. 10 „Freiheit und Fortschritt: Liberaler Arbeitsbegriff", S. 188-193. - Freiheit. In: TRE XI, 1983, S. 497-549. - Krings, Hermann / Böckenförde, Ernst-Wolfgang / Kasper, Walter: Freiheit. In: Staatslexikon [7]II, 1986, Sp. 696-717. - Brandt, Reinhard: Die Erfindung der Freiheit. Freiheitspflichten und Freiheitsgesetze in der Philosophie der Aufklärung (= Vortrag in der wissenschaftlichen Gesellschaft an der Universität Frankfurt am 6.1.1996; im Druck in deren Veröffentlichungsreihe).

liche Struktur des Aussageteils der KZ-Devise, nämlich: „macht frei" auf ihre Vorbildtraditionen zu befragen[272]. „Pilgerfahrt macht frei", eine Formulierung heutiger Theorie, war im Mittelalter als Realität eine Frucht der Strapazen auf dem Leidensweg ins Heilige Land, dessen Mißlichkeiten man mit dem antiken Arbeitsbegriff „labores peregrinationis" benannte. Sie machten frei für das himmlische Reich, losgelöst von irdischen Bindungen, betrafen aber vornehmlich das Phänomen der Unterschichtenmobilität, also die nichtständischen Pilger[273]. Der mittelalterliche Rechtssatz „Stadtluft macht frei" stammt zwar nicht der Sache, aber der Formulierung nach auch erst aus dem 19. Jahrhundert und korrespondiert mit „Landluft macht eigen", was sich 1759 als „Luft macht leibeigen" nachweisen läßt[274].

Im Schweizer Kanton Aargau tragen Schulhäuser und Schulfahnen die Inschriften: „Bildung macht frei", oder „Volksbildung ist Volksbefreiung"[275]. In Deutschland war es der liberale Lexikon-Macher Joseph Meyer (1796-1856) in Hildburghausen, der durch seine „Groschen-Bibliothek der deutschen Klassiker" mit 365 Bändchen in sechs Jahren zwischen 1848 und 1854 das Motto in die Welt setzte: „Bildung macht frei"[276]. Die sozialistische Variante lautete im 19.

---

[272] Die Parallelen zum Konstruktionsteil „macht" s. o. in der Anm. 79 ausgebreitet.

[273] Schmugge, Ludwig: Pilgerfahrt macht frei. Eine These zur Bedeutung des mittelalterlichen Pilgerwesens. In: Röm. Quartalschrift 74 (1979), S. 16-31. – Hassauer, Friederike: Schriftlichkeit und Mündlichkeit im Alltag des Pilgers. In: Wallfahrt und Alltag in Mittelalter und früher Neuzeit (= Veröff. d. Institut für Realienkunde des Mittelalters und der frühen Neuzeit der Österr. Akad. d. Wiss. 14). Wien 1992, S. 277-316, hier 281f. – Kriss-Rettenbeck, Lenz: Wallfahrt. In: Brückner, Wolfgang u. Schneider, Wolfgang (Hgg.): Wallfahrt im Bistum Würzburg (= Kirche, Kunst und Kultur in Franken 3). Würzburg 1996, S. 14-24, hier S. 21.

[274] Werkmüller, D.: Luft macht eigen – Luft macht frei. In: HRG III, 1984, Sp. 92-98. – Mieder, Wolfgang: International Proverb Scholarship. An Update Bibliography. In: Proverbium 14 (1997), S. 487-524, hier Nr. 293 u. 357 zu „Luft macht frei" (Rörig 1920) und „Stadtluft macht frei" (Werkmüller 1984). – Sennett, Richard: Fleisch und Stein. Der Körper und die Stadt in der westlichen Zivilisation. Berlin 1995 (engl. 1994), S. 193-202: „Stadtluft macht frei".

[275] Frdl. Mitt. v. Theo Gantner, Basel, 1995.

[276] Laut Büchmann, Georg: Geflügelte Worte. Der Zitatenschatz des deutschen Volkes. 32. Aufl., bearb. v. G. Haupt u. W. Hofmann. Berlin 1972, S. 316, geht diese Formulierung tatsächlich auf Meyer zurück. – Braungart, Margarete: „Bildung macht frei" und „Wahrheit bei aller Vorsicht". Hildburghäuser Druckerzeugnisse des 19. Jahrhunderts. In: John, Jürgen (Hg.): Kleinstaaten und Kultur in Thüringen vom 17. bis 20. Jahrhundert. Weimar 1994, S. 385-393. – May, Karl-Heinz: Der feurige Geist Joseph Meyer 1796-1856. Hildburghausen

Jahrhundert: „Wissen ist Macht", also „Durch Bildung zur Freiheit" und darum Arbeiterbildungsvereine[277]; nicht anders auf der Gegenseite: „Wissen macht frei" stand für die rationalistischen Erwartungen zu Beginn der liberalen Ära in Wien 1861[278]. Hinter diesen Losungen steckt der Aufklärungsgedanke der Aberglaubens- und Vorurteilsbekämpfung und die Hoffnung, mit „humanistischer" Geistes- und Herzensbildung die Menschheit zu einer neuen Weltbürgergesellschaft erziehen zu können.

Der nicht säkularisierte christliche Glaube hingegen verstand unter dem johanneischen „Die Wahrheit wird euch frei machen" (Joh 8,32) etwas anderes, nämlich wie Paulus (Röm 8,2): „Denn das Gesetz des Geistes und Lebens in Christus Jesus hat dich frei gemacht vom Gesetz der Sünde und des Todes". Es gilt nicht mehr die gesellschaftliche Hierarchie der Antike mit Sklaven und Freien, sondern die Freiheit von allen Zwängen, aber in „Knechtschaft" für alle Mitmenschen, um mit Luthers berühmtem Traktat „Die Freiheit eines Christenmenschen" zu sprechen[279]. Freisein und Freimachen wollen darum stets

---

1996, S. 41.

[277] Hier läßt sich die Formulierung laut Büchmann 1972, S. 436, auf Francis Bacon 1597/98 zurückführen: „Scientia et Potentia", „scientia potestas est", „knowledge itself is power". – Für die Schweiz vgl. den Ausstellungskatalog von Gantner, Theo: Einigkeit macht stark! Über Gewerkschaften. Hundert Jahre „Vereinigte Staatsarbeiter" Basel 1891-1991. Begleitpublikation des Museums für Völkerkunde und Schweizerischen Museums für Volkskunde Basel 1991, S. 6,11. – Allgemein s. Feidel-Mertz, Hildegard: Zur Geschichte der Arbeiterbildung Bad Heilbrunn 1968. – Kucera, Wolfgang u. Tietmann, Lutz: Geschichte der Gewerkschaften in Bayern. Eine Bibliographie (= Materialien zur bayer. Gesch. u. Kultur 2/95). Augsburg 1995, Reg. s. v. „Arbeiter Bildungsvereine" (7 Titel), grundsätzlich Birker, Karl: Die deutschen Arbeiterbildungsvereine 1840-1870 (= Historische Kommission 10). Berlin 1973. – Langewiesche, Dieter u. Schönhoven, Klaus: Arbeiterbibliothek und Arbeiterlektüre im Wilhelminischen Kaiserreich. In: Archiv für Sozialgeschichte 16 (1976), S. 135-204 – Langewiesche, Dieter: Zur Freizeit des Arbeiters. Bildungsbestrebungen und Freizeitgestaltungen Österreichischer Arbeiter im Kaiserreich und in der Ersten Republik (=Industrielle Welt 29). Stuttgart 1979.

[278] Schorske, Carl E.: Wien. Geist und Gesellschaft im Fin de Siècle. Frankfurt/M. 1982 (New York 1980), S. 126f. im Zusammenhang des Hochkommens von Karl Lueger (1844-1910), dem christlich-sozialen Volkstribun und Antisemiten. „Wir können warten, Wissen macht frei" formulierte dagegen Ritter von Schmerlin in Erwartung des politischen Fortschritts. (Frdl. Mitt. v. Judith Orschler, Münster).

[279] Schnackenburg, Rudolf: Von der Wahrheit, die frei macht. München 1964. – Das Buch der Bücher. NT. Einführungen, Texte, Kommentare. Mit einer Einführung von Günther Bornkamm. München 1972, Joh.: „Die Wahrheit" S. 401f.; Röm.: „Das Leben im Geist der Freiheit" S. 313ff.

neu interpretiert werden.

Den engen Zusammenhang von „Freiheit und Arbeit" artikulierten vor dem Ersten Weltkrieg schöngeistige Bücher mit diesem Titel zu Kunst und Literatur[280]. Die sozialistische Arbeiterbewegung allerdings verstand seit der Revolution von 1848 unter dem damaligen Schlachtruf „Freiheit, Arbeit" (so der Wochenblatt-Titel des Kölner Arbeitervereins) die gesellschaftspolitische Befreiung des vierten Standes für ein humaneres Arbeitsleben[281]. Es ging von nun an um „Arbeit als Grundlage einer Gesellschaft der Gleichheit"[282]. Dies war nach Karl Marx „Das Reich der Freiheit", nämlich die Emanzipation des Menschen von fremdbestimmter Arbeit zu selbstverwirklichender Tätigkeit[283]. „Die Erzeugung des Menschen durch die menschliche Arbeit" (1844) bedarf zum Freimachen, das heißt Zusichselbstkommen, einer Zukunftsgesellschaft[284], in der das „Reich der Notwendigkeit" (1894), also die „Arbeit nicht nur Mittel zum Leben, sondern selbst das erste Lebensbedürfnis" sein soll[285].

Der Österreicher Theodor Herzl, Begründer des Zionismus, formulierte in seiner Programmschrift von 1896 „Der Judenstaat" die Idee einer Selbstbefreiung. Sie sollte durch landwirtschaftliche Arbeit geschehen, der ein Umgewöhnen der vagierenden Handelsjuden zu seßhaften Siedlern vorangehen würde, was er im einzelnen beschreibt. Nicht „Arbeitshilfe", wie zu seiner Zeit in Frankreich als „assistance par le travail" erprobt, sondern die „unskilled labourers" müßten in militärisch organisierten „Arbeitstrupps" geregelter Tätigkeit nachgehen lernen[286]. David Ben Gurion sprach 1921 von einer „disziplinierten Arbeitsarmee". Es waren dies typische Gedanken jener Zeit bei Sozialisten, Zionisten und

---

[280] Freiheit und Arbeit. Kunst und Literatur. Leipzig 1910. – Freiheit und Arbeit. Ein Dichterbuch. Zürich 1914.

[281] Stein, Hans: Der Kölner Arbeiterverein (1848-49). Ein Beitrag zur Frühgeschichte des rheinischen Sozialismus. Köln 1921, Reprint in: „Freiheit, Arbeit. Organ des Kölner Arbeitervereins". Glashütten/Ds. 1972.

[282] Conze 1972, Kap. 12, S. 196-205.

[283] Asholt/Fähnders,1995, Kap. VI „Reich der Notwendigkeit – Reich der Freiheit", S. 159-178, insbes. S. 177f.

[284] Conze 1972, S. 200f.

[285] Ebd. S. 202f.

[286] Herzl, Theodor: Der Judenstaat. (11896) 11. Aufl. Berlin 1936, S. 41-45, 53, 71f.

Völkischen. Zur Frage der Theokratie sprach Herzl von der Notwendigkeit der Unterordnung der Religion unten den Primat der Politik, indem er bildungspragmatisch formulierte: „Der Glaube hält uns zusammen, die Wissenschaft macht uns frei"[287].

Die sozialistische Internationale suchte er mit seiner Forderung nach dem Sieben-Stunden-Arbeitstag um eine Stunde Freizeit zu überrunden. „Selbst die Fahne des Judenstaats sollte den Wert widerspiegeln, den Herzl der Zugkraft der modernen sozialen Gerechtigkeit zuschrieb. Auf einem weißen Feld, das für das neue Leben in Reinheit stand, würden sieben goldene Sterne die sieben goldenen Stunden des Arbeitstages darstellen. Denn unter dem Zeichen der Arbeit ziehen die Juden ins Gelobte Land. Herzl erwähnte weder den Davidstern noch irgendein anderes jüdisches Symbol"[288]. 1945-48 haben KZ-Überlebende versucht, in Deutschland einen stark sozialistisch ausgerichteten „Kibbuz Buchenwald" aufzubauen, um von hier aus eines Tages Palästina zu erreichen. An der Wand des Gemeinschaftsraumes in Gringshof bei Fulda stand in großen Lettern hebräisch geschrieben: „Mensch – Arbeit – Natur"[289].

In unseren Tagen schreibt rückblickend der in Karlsruhe 1902 geborene israelische Historiker Chaim Seeligmann, heute Ehrendoktor der Universität Bielefeld, seit Mitte der dreißiger Jahre Kibbuz-Mitglied: „Die Landwirtschaft spielt heute im Kibbuz nicht mehr die gleiche Rolle wie vor fünfzig Jahren. Für uns war die Landwirtschaft damals eine Grundfrage. Es gab für uns den Begriff der 'Erlösung durch Arbeit'. Und Erlösung durch Arbeit bedeutete die Bearbeitung des Bodens. Das war eine der Grundideen der Gründergeneration"[290]. Es waren dies die Gedankenwelt der zionistischen Arbeiterbewegung,

---

[287] Ebd. S. 83. (Absatz: „Theokratie").
[288] Ebd. S. 84, dort wörtlich: „Denn im Zeichen der Arbeit gehen die Juden in das neue Land". – Das Zitat oben von Schorske 1982, S. 156f.
[289] Croitoru, Joseph: Kibbuz Buchenwald. Eine Gemeinschaft von Überlebenden des Holocaust. In: FAZ, Tiefdruckbeilage v. 30.12.1995, Nr. 303, o. S. mit Abb. des Gemeinschaftsraumes. (Über das Buch der israelischen Historikerin Judith Tydor-Baumel: „Kibbuz Buchenwald").
[290] Seeligmann, Chaim: Spuren einer stillen Revolution. Begegnung eines Kibbuz-Mitgliedes mit der Katholischen Integrierten Gemeinde (= Urfelder Reihe 2). Urfeld 1998, S. 126f.

entwickelt gegen das antisemitische Vorurteil von Juden als „Parasiten". Körperliche Arbeit sollte sie davon erlösen. Herzl schrieb dazu 1896: „Wir sollen endlich als freie Männer auf unserer eigenen Scholle leben und in unserer eigenen Heimat ruhig sterben. Die Welt wird durch unsere eigene Freiheit befreit, durch unseren Reichtum bereichert und vergrößert durch unsere Größe"[291]. Gegenwärtige historische Forschungen in Israel dekonstruieren die Vorstellung einer spezifisch „hebräischen Arbeit" (avodah iwrit) des von Tolstoj geprägten Theoretikers der zionistischen Arbeiterbewegung in Palästina Aaron David Gordon (1856-1922). Sie entmythologisieren die heroische Religion der Arbeit und die Heiligung des Bodens als nationalem Eigentum, das parallel zum mitteleuropäischen Denken der zwanziger Jahre zu verwirklichen gesucht wurde[292]. Selbst die jüdischen Beamten haben sich unter der englischen Mandatsherrschaft in Palästina als Vertreter jener „hebräischen Arbeit" verstanden und ihre Standesorganisation „pkidut iwrit owedet" benannt, nämlich als Gewerkschaft der „arbeitenden hebräischen Beamtenschaft". Sie wollten „Büroarbeiter" für den ersehnten Nationalstaat der Juden sein und den zionistischen Landwirtschaftspionieren gleich geachtet werden[293].

Die politisch-kulturelle NS-Wochenzeitschrift „Das Reich" (1940-45), pseudoliberales Renommierblatt mit ständigem Leitartikler Josef Goebbels, formulierte Anfang 1941 auf dem Höhepunkt nationalsozialistischer Machtentfaltung in Europa: „Der neue Glaube wird selbst den widerstrebenden Völkern die Freiheit und Schönheit von morgen bringen. Aus ihm wird die neue Ordnung hervorgehen, worin der Mensch mit seiner veredelten und gehobenen Leistung, der Arbeitsmensch, die erste Stelle haben wird"[294].

---

[291] Herzl (1896) 1936, S. 92f.
[292] Croitoru, Joseph: Gleichheit als Lebenslüge. In: Geisteswissenschaften, FAZ v. 3.4.1995, Nr. 80, S. N5 über das hebräische Buch von Sternhell, Zeev: Nationsbildung oder neue Gesellschaftsordnung? Die zionistische Arbeiterbewegung 1904-1940 und die Ursprünge des Staates Israel. Tel Aviv (Verlag Am Oved) 1995.
[293] Croitoru, Joseph: Mit Bleistift und Pistole. Die Arbeit jüdischer Beamter im britischen Palästina. In: Geisteswissenschaften, FAZ v. 6.5.1998, Nr. 104, S. N6 über das Buch von De Vries, David: National Construction of Occupational Identity. Jewish Clerks in British-Ruled Palestine. (= Comparative Studies in Society and History 39, 2). Cambridge, New York 1997.
[294] Berning 1964, S. 20.

„Arbeit macht frei", in Deutschland damals tatsächlich ein Menetekel bloß für „Undeutsche"? Bei solcher Deutung schlägt die radikalisierbare biblische Auffassung von der Verwerflichkeit des Müßiggangs durch. Paulus fordert in seinem Mahnschreiben an die Endzeitschwärmer in Thessalonich, sie hätten ihren täglichen Pflichten nachzugehen und formuliert in diesem konkreten Zusammenhang gegen „unordentliche Lebensführung" das bekannte Diktum: „Wer nicht arbeiten will, der soll auch nicht essen"[295]. Daraus ist jene gefährliche neuzeitliche Mentalität erwachsen, nach der es bei Tisch heißt: „Wie man ißt, so schafft man". Der Gedanke von „unwertem Leben" läßt sich leicht anschließen. Nach solcher Meinung vermochte man dann zu behaupten: Nur wer Arbeit als arischen Gottesdienst betreibt, ist wirklich frei. Die Häftlinge des Konzentrationslagers aber wüßten weder, was Arbeit ist, noch wollten sie im „völkisch-rassischen" Sinne arbeiten. Also seien sie zu Recht unfrei und darum interniert.

Primo Levi beschreibt für Auschwitz den Kasernenstil der Lagerverfassung als „deutsche Schule" nach den Prinzipien „Ordnung, System, Bürokratie". Wenn die Häftlinge abends aus dem Chemiewerk Monowitz kolonnenweise wieder in ihre dortigen Unterkünfte einrückten, ging dies mit Empfang durch Marschmusik und offiziellem Rapport vor sich, wie überall in den Lagern. Im Zusammenhang einer kurz vor Weihnachten 1944 daran anschließenden öffentlichen Hinrichtung kommt der Autor, der schon ein Dutzend solcher Exekutionen miterlebt hatte, stichwortartig auf das Einrücken zu sprechen: „Wieder die Musik der Kapelle, die Zeremonie des ruckartigen 'Mützen ab' vor der SS; wieder 'Arbeit macht frei' und die Meldung des Kapos: 'Kommando 98, zweiundsechzig Häftlinge, Stärke stimmt'. Aber die Formation löst sich nicht auf, man läßt uns bis zum Appellplatz marschieren"[296]. Da sich diese Szene nicht im Stammlager Auschwitz abspielte, nimmt die hier zitierte Devise keinen direkten Bezug auf das dortige Lagertor, sondern entpuppt sich als Teil eines täglichen Ritus. „Arbeit macht frei" war mithin der immer gültige und stets durchgehaltene

---

[295] 2 Thess 3,10; vgl. dazu: Kleines Stuttgarter Bibellexikon ²1970, S. 29 („Arbeit"); S. 308f. („Thessalonicherbriefe"). – Desgl. Haag, Herbert: Bibellexikon. Einsiedeln ²1982, S. 100f. ("Arbeit").
[296] Levi 1994, S. 177.

Tagesbefehl[297]. Vom Teillager Monowitz haben sich keine topographischen Detailkenntnisse erhalten.

Der Kommandant von Auschwitz hat über seine eigene Ausbildung unter dem Organisator der nationalsozialistischen Konzentrationslager Theodor Eicke zu dessen Auffassung geschrieben: „Die Häftlinge sind für ihn alle Zeit Staatsfeinde, die sicher zu verwahren, hart zu behandeln, und bei Widersetzlichkeiten zu vernichten sind. So belehrt und erzieht er seine SS-Führer und SS-Männer"[298]. Deshalb besaß auch das erste von ihm systematisch neu geplante KZ Buchenwald eine zweite Inschrift im Eisengitter des Haupttores 1938. Sie lautete: „Jedem das Seine" und war von innen zu lesen[299]. Es ist die Devise des Ordens vom Schwarzen Adler, den der erste Preußenkönig Friedrich I. nach seinem eigenen Wahlspruch 1701 stiftete: „Suum cuique": Jeder bekommt das, was ihm zusteht. Der alte griechisch-römische Grundsatz aus dem Eigentumsrecht war in Preußen zur Verdienstzuweisung geworden[300]. Übertragen auf die Inschriften von Dachau (1937/38), Flossenbürg (1938/39), Sachsenhausen (1938/39), Ravensbrück (1939/40), Auschwitz (1940) darf man in Analogie interpretieren: Darum auch jedem seine Form von Arbeit, selbst die „Vernichtung durch Arbeit" oder Arbeitsformen, wie sie einem aufgrund der Ideologie von rassenspezifischer Seinsweise 'eigentlich' zukommen.

---

[297] Vgl. Kogon 1974, S. 80-88. Auch er schildert für Buchenwald den „Morgenappell" und den abendlichen „Zählappell" mit Mützen-Kommandos, Lagermusikkapelle, Ausmarsch: „Unter dem Tor mußten erneut die Mützen schlagartig vom Kopf genommen und die Hände an die Hosennaht gelegt werden. Dann ging es im Laufschritt, Lieder singend zu den Arbeitsstellen". Ebenso geschah abends das „Einrücken" (S. 82).

[298] Höß 1958, S. 49, Anm. 29. – Zu Eicke (1892-1943) s. Stockhorst 1967, S. 120. Ihn hat übrigens Matthes Ziegler sehr geschätzt als „heldischen" Kameraden, weil er als General der Waffen-SS 1943 in Rußland gefallen ist.

[299] Kogon 1974, S. 76 und heute noch in der Gedenkstätte zu sehen. Kogons (S. 55) vorhergehende Mitteilung oben zu Anm. 26 zitiert. Nach Harry Stein, Leiter der Gedenkstätte (Mitt. v. 11.5.1995) hat der Lagerkommandant Koch die Torinschrift Januar/Februar 1938 ausführen lassen.

[300] Büchmann 1972, S. 617.

Fazit

Die moderne Moral der dichotomischen Gegenüberstellung von Arbeit und Müßiggang sowie die säkularisierende Verkürzung von Gebet auf Arbeit, schließlich die Ethnisierung universal gedachter Lebensordnungen ließen „nationale Arbeit" zunehmend biologistisch mißverstehen. Dies um so mehr bei der „verspäteten Nation" der Deutschen und Österreich her in Mitteleuropa nach den verheerenden wirtschaftlichen Folgen des verlorenen Ersten Weltkriegs. Jetzt konnte der rassistische Erlösungsgedanke zur wirksamen politischen Religion werden. Aus aufklärerischen Ideen und Versuchen des späten 18. Jahrhunderts und der ihnen folgenden bürgerlichen Rechtspraxis der zwangsmäßigen Arbeitserziehung im 19. und 20. Jahrhundert haben Hitler und Himmler im Verlaufe ihrer Herrschaft die zeittypischen Zwangsanstalten von Internierungs- und Arbeitslagern zu Todesfabriken für Nichtarier aller Art entwickelt und schließlich mit der „Endlösung der Judenfrage" in den letzten Kriegsjahren zugleich die „Vernichtung durch Arbeit" zum systematisch exekutierten Programm erhoben. Wenn das relativ zierliche Emblem „Arbeit macht frei" am Gitter in Dachau von 1937 noch ein verspäteter propagandistischer Legitimationsvers sein konnte, so war die 1940 dann groß monumentierte Devise über dem Eingangstor des Stammlagers Auschwitz nur noch blanker Zynismus fern aller öffentlichen Selbstdarstellungsmöglichkeiten der inzwischen geheimgehaltenen Lager.

Der Soziologe Lars Clausen faßt seine Analyse „destruktiver Arbeit" am Beispiel der nationalsozialistischen Konzentrationslager zusammen: „Viel müßte zitiert werden. Aber es soll hier nur gezeigt werden, was aus dem spätestens seit dem 17. Jahrhundert als rein-produktiv angenommenen und fruchtbar weitergereichten europäischen Konzept der 'Arbeit' hat werden können. An den Toren der KZs stand: 'Arbeit macht frei'. Dieser Hohn ist die wahrscheinlich unausbleibliche Komplettierung der Vernichtung – es geht hier nicht um aus eherner Not, um innerlich zerrissen, um kopfschüttelnd, um stumpf angeordnete Zwangsarbeit mit hoher Destruktivität à la Galeerenrudern, sondern dieses hier findet sein Ziel im Morden 'spaßeshalber'. Die Verhöhnung der Arbeit heftet sich gerade an ihr hoffnungsreichstes Element, an ihr Produktions-Vermögen von Freiheit. Das Gegenteil von Hoffnung ist Verzweiflung. Hohnvoll verzweifeln machen. Es soll töten, 'mit der Wurzel ausrotten', damit der Angetriebene nicht mehr da ist"[301].

Wir können dem als Ergebnis unserer Studie hinzufügen: Hinter der Devise „Arbeit macht frei" am Tor zur Hölle von Konzentrationslagern verbirgt sich das ursprüngliche Ziel für den Himmel auf Erden der germanischen Herrenmenschen in der SS. Sie hatten es als säkularisierten Erlösungsgedanken der deutschen Aufklärung und ihrer bürgerlichen Tugendlehre über die „völkische Bewegung" vorformuliert bekommen. Hier zeigt sich einmal mehr die Dialektik von philantropischen Menschheitsideen. Sie können als Praxis umschlagen in das makaberste Gegenteil. Der Ambivalenztheoretiker Zygmunt Bauman aus Leeds, an der Universität Eichstätt kein Unbekannter und 1998 Adorno-Preisträger der Stadt Frankfurt am Main, hat dieses Problem auf den Punkt gebracht in seinem Buch von 1989: "Dialektik der Ordnung. Die Moderne und der Holocaust"[302]. Die Massenmorde der Nationalsozialisten sind nach Bauman kein singulärer "Rückfall in die Barbarei", sondern die geradezu gesetzmäßige Folge des übersteigerten rationalistischen Weltbildes unserer Tage. Bezogen auf die sprachlich zugespitzte Konfiguration von "Arbeit macht frei" dürfen wir darum das Fazit ziehen: Aus dem modernen Mythos des schließlich für spezifisch deutsch gehaltenen Arbeitsgeistes erwuchs eine der Vernichtungsstrategien des Völkermords.

---

[301] Clausen 1988, S. 74f.
[302] Bauman, Zygmunt: Dialektik der Ordnung. Die Moderne und der Holocaust. Hamburg 1992 (engl. 1989). - An der Universität Eichstätt war Bauman 1996 beteiligt am Symposion "Ambivalenz und Kultur", vgl. Luthe, Heinz Otto u. Wiedemann, Rainer E. (Hgg.): Ambivalenz. Studien zum kulturtheoretischen und empirischen Gehalt einer Kategorie der Erschließung des Unbestimmten. Opladen 1997, hier sein Beitrag "Modernity and Clarity", S. 109-122.

Abb. 1: Leipziger Büro 1908 (PD Dr. Burkart Lauterbach, München)

Abb. 2: Titelblatt-Vignette von Thomas Carlyle: Arbeiten und nicht verzweifeln, Aufl. Düsseldorf 1912

Abb. 3: Beitragsmarke 5 Kronen des „Deutschen Schulvereins" Wien 1922/24 auf Vereinspostkarte Nr. 1259 (Archiv der „Österreichischen Landsmanschaft", Wien)

Abb. 4: Widmungsalbum einer Turndame aus Wien 1925/27, Collage S. 37, datiert 1925 (Privatbesitz Basel)

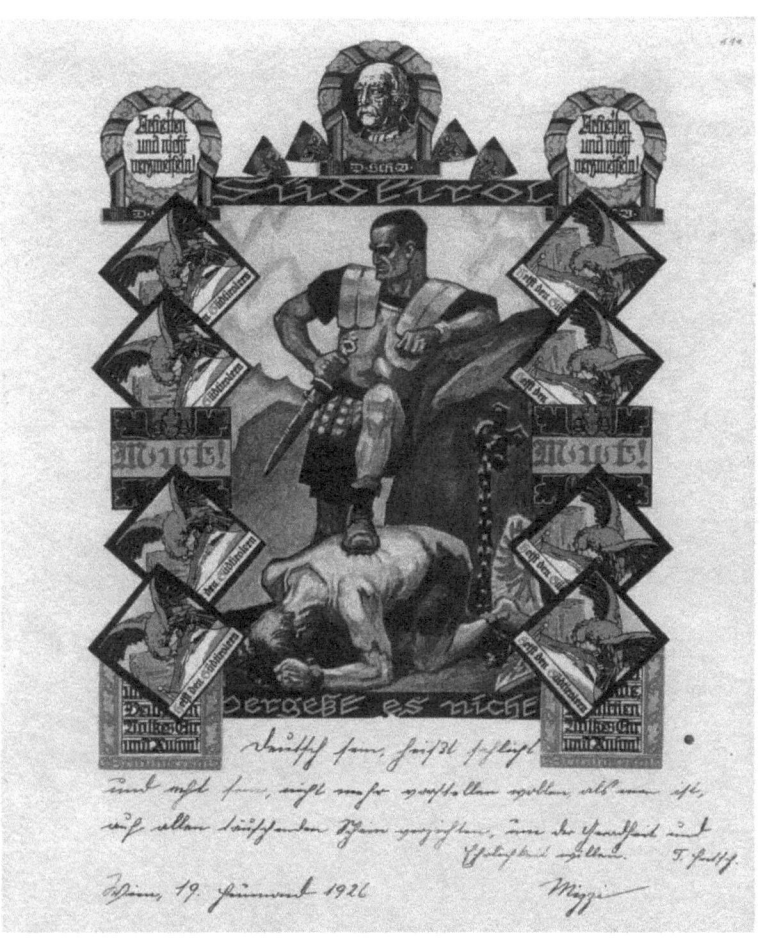

Abb. 5: Wie Abb. 4, S. 111, aus dem Jahre 1926

Abb. 6: Wie Abb. 4, S. 41, aus dem Jahre 2038 = 1926

Abb. 7: Zeichnung eines in Holz geschnitzten Reichsarbeitsdienstabzeichens aus der Zeitschrift: „Deutscher Arbeitsdienst" 5, 1935, S. 669 (nach Seifert 1996, S. 211)

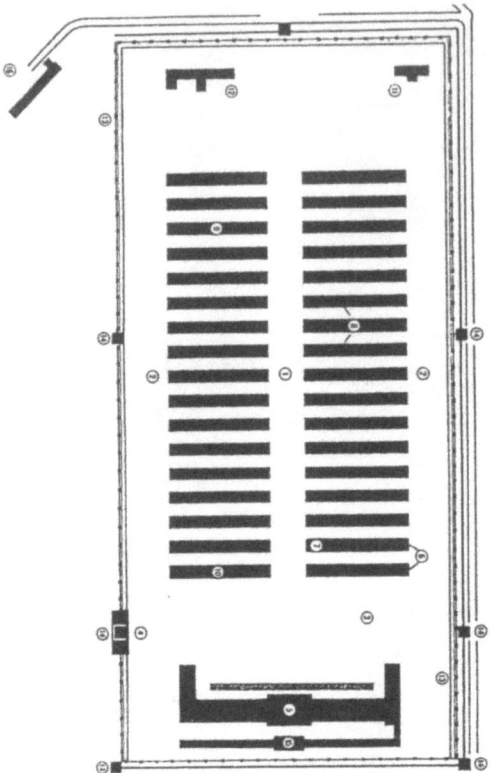

(1) Lagerstraße
(2) je 15 Wohnbaracken, zwei Revierbaracken, Kantine, Arbeitsbaracke
(3) Appellplatz
(4) Jourhaus mit Eingangstor
(5) Wirtschaftsgebäude
   im Osten: Effektenkammer,
   im Süden: Baderaum, Küche, Wäscherei, Züchtigungsraum,
   im Westen: Verwaltung
(6) »Versuchsstation«
(7) Totenkammer
(8) Strafblöcke
(9) Block 26 – Priesterblock
(10) Kantine
(11) Desinfektionsbaracke, links davor Kaninchenzucht
(12) Lagergärtnerei
(13) Sicherungseinrichtungen
(14) Wachturm
(15) Bunker
(16) »Baracke X« – Krematorium

Abb. 8: KZ-Dachau. Lagerplan (nach Rump/Vieregg 1995, S. 12)

Abb. 9: KZ-Dachau. Einstige Dachbeschriftung des Wirtschaftsgebäudes vom großen Appelplatz aus (Foto: Gedenkstätte Dachau)

Abb. 10: KZ-Dachau. Zustand des Haupttores 1945, errichtet 1937/38 (Foto: Gedenkstätte Dachau)

Abb. 11: KZ-Dachau. Schmiedeeisernes Lagertor von 1937/38 (Offizielle Postkarte der Gedenkstätte Dachau)

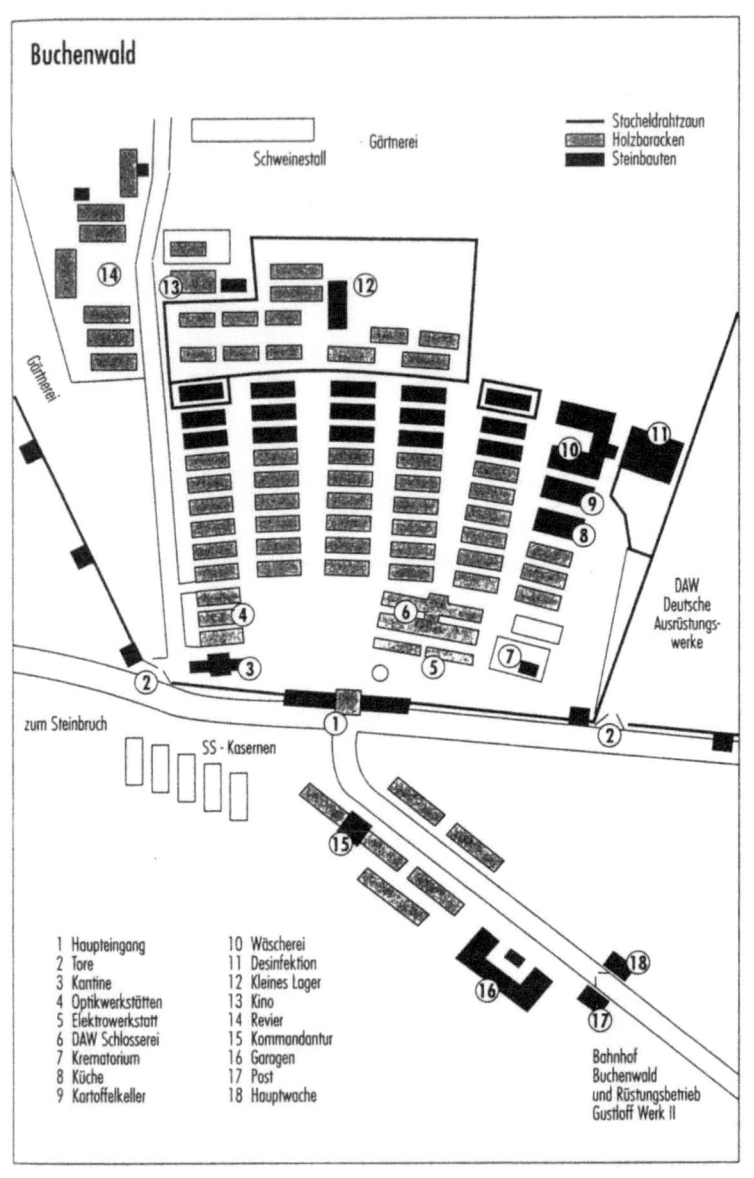

*Abb. 12: KZ-Buchenwald. Lagerplan nach „Enzyklopädie des Holocaust"
1993, S. 249*

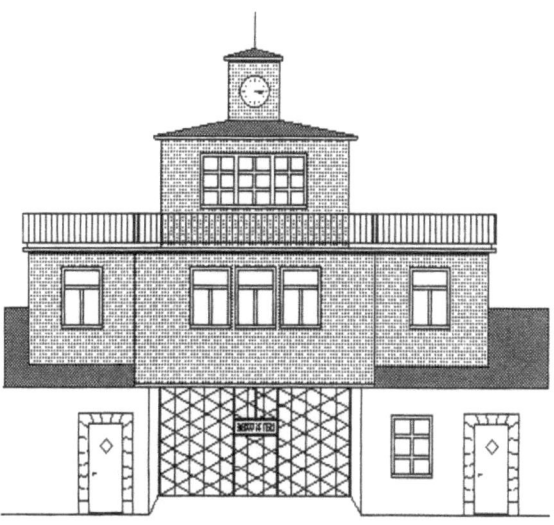

Abb. 13: KZ-Buchenwald. Torbausituation mit Lokalisierung der beiden Inschriften: „Recht oder Unrecht mein Vaterland" = Zeile über dem Eingang und „Jedem das Seine" im Gittertor (Foto: Gedenkstätte Buchenwald)

Abb. 14: KZ-Buchenwald. Ausschnitt des schmiedeeisernen Tors von 1938 im heutigen Zustand (Foto: Gedenkstätte Buchenwald)

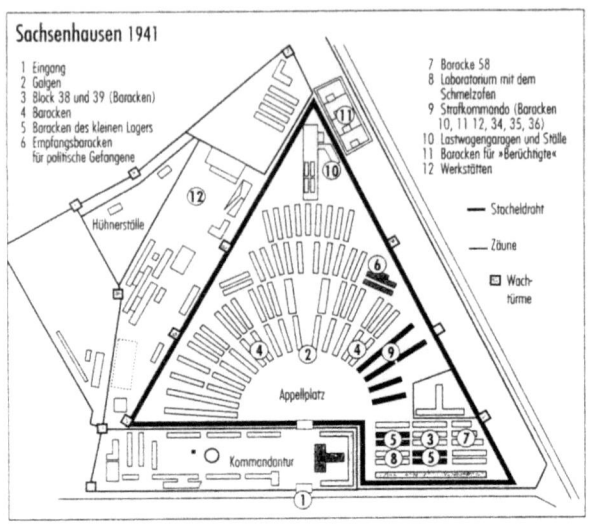

Abb. 15: KZ-Sachsenhausen. Lagerplan nach „Enzyklopädie des Holocaust" 1993, S. 1271

Abb. 16: KZ-Sachsenhausen. Pressefoto 1939 (Gedenkstätte Sachsenhausen in Oranienburg)

Abb. 17: KZ-Sachsenhausen. Schmiedeeisernes Tor. Historischer (abgekommener) Zustand (nach Drobisch/Wieland 1993, Umschlag u. S.266)

Abb. 18: KZ-Sachsenhausen. Schmiedeeisernes Tor. Heutiger rekonstruierter Zustand (Foto: Gedenkstätte Sachsenhausen in Oranienburg)

Abb. 19: KZ-Auschwitz. Tor von 1940 im Zustand der Nachkriegszeit noch ohne die heutigen Bemalungen. (Engl. Pressefoto)

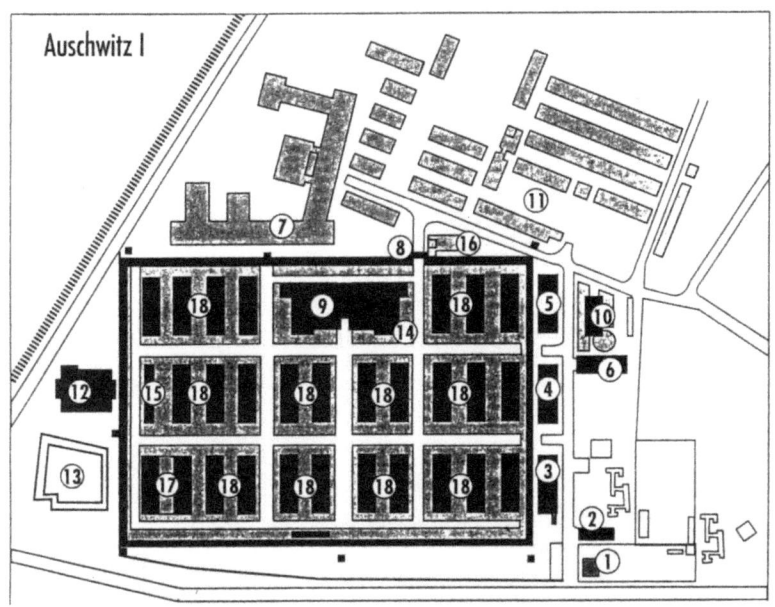

Abb. 20: KZ-Auschwitz. Plan des Stammlagers nach „Enzyklopädie des Holocaust" 1993, S. 109; Nr. 8 = Tor, Nr. 16 = Wache

Texte zur Ideenpopularisierung

Gottlob Wilhelm Burmann: Arbeit (1777)

Arbeit macht das Leben süß
Macht es mir zur Lust;
Der nur hat Bekümmerniß,
Der die Arbeit haßt.
Kräfte gab uns die Natur
Zu Beruf und Pflicht;
Faule Müßiggänger nur
Gähnen, leben nicht.

Arbeit ist der Menschen Loos
Ohne Müh und Fleiß
Ist kein Mensch auf Erden groß;
Ehre fordert Schweiß!
Bey Gebet und Arbeit nur
Lebt man menschlich schön:
Keinen Staub in der Natur
Sieht man stille stehn!

Arbeit und Betriebsamkeit
Geben Ruhm und Brod.
Müßiggang und Schläfrigkeit
Sind schon halber Tod!
Bey Geschäften wird man alt;
Hat uns Jeder lieb;
Einen Faulen nennt man bald
Einen Tagedieb.
Etwas handeln muß der Mensch
Wenn er Mensch will seyn!

O ich will, als junger Mensch
Schon geschäftig sein –
Unbeträchtlich sey mein Thun,
Ich thu was ich kann:
Nach der Arbeit ist gut ruhn,
Arbeit macht den Mann!

Nervt den Leib, giebt frohen Muth
Und zufriednen Sinn:
Schafft im Körper rasches Blut
Wuchert mit Gewinn!
O mir kleinem Knaben sey
Früh schon Arbeit Lust;
Müßiggang und Tändeley
Schimpft die Knabenbrust.

Gottlob Wilhelm Burmann: Kleine Lieder für kleine Mädchen und Jünglinge. Berlin 1977, S. 118-120.

Johann Heinrich Voß: Zur Arbeit (1801)

Ein Guter schaft was Gutes gern,
Und fraget nicht, ob Arbeit schände:
Dem trägen Hochmut bleibt er fern;
Sein Ruhm sind arbeitsfrohe Hände.
Wer immer thun läßt, niemals thut,
Ist weder sich noch andern gut.

Der Gute sieht sein Werk gedeihn,
Und schweiget stolz bei stolzem Tadel.
Für Ehre gilt ihm ehrlich sein,
Und Edelmut verleiht ihm Adel;
Der Erde Göttern lebt er gleich,
Zufrieden stets, wenn auch nicht reich.

Man schaft sein Werk und schweiget still;
Die Arbeit muß den Meister loben.
Wenn Neid auch unterdrücken will,
Den Kopf behält man immer oben.
Ein Sprüchlein sagt: Was gehen kann,
Das gehet fort, und kommt schon an.

Am Abend denkt man: Wohl geschaft!
Und freuet sich der Folg' im Schlafe;
Der Morgen weckt uns, frisch an Kraft,
Zum Werk der Freude, nicht der Strafe!
Die Arbeit straft nicht Gottes Buch;
Der Arbeit Scheu ward unser Fluch.

Glückselig macht nur Tätigkeit.
Wie lang wird euch, ihr Müßiggänger,
Wie peinlich lang die liebe Zeit!
Wir wünschen Tag und Stunde länger.
Selbst Ewig währt uns nie zu lang,
Bei rascher Tat und Lustgesang.

Johann Heinrich Voß: Sämtliche Gedichte. Auswahl der letzten Hand.
  Königsberg
1825, S. 103f. nach Münch 1984, S. 332. Das Gedicht stammt aus dem Jahre
  1801.

Eine faule Jugend macht ein lausiges Alter (1798)

Die Macht der Gewohnheit ist unglaublich groß, und die Richtung, die man uns in unserer Jugend giebt, ist oft bleibend für das ganze Leben. Der Mensch muß von Jugend auf zur Arbeitsamkeit und Thätigkeit angehalten werden. Wer nicht von Kindheit an gewöhnt worden ist, immer beschäftigt zu seyn, verliert überhaupt den Trieb zur Thätigkeit und die Lust zur Arbeit; er gewöhnt sich, seine Zeit mit Nichtsthun zu vertändeln; ferner verliert er den Geschmack an ernsten, schweren und anhaltenden Arbeiten; er will blos tändeln: auch ist es ein unersetzlicher Schade, daß ein solcher Mensch in der Ausbildung des Verstandes zurück bleibt; ihm fehlen so viele zu seinem Fortkommen unentbehrliche Kenntnisse. Es ist schwer, meist unmöglich, den unentwickelten Verstand in spätern Jahren auszubilden, und das Versäumte nachzuholen. Die Folge endlich von dem allen ist bey Vielen Armuth und Elend im Alter. [...]

Man kann die Kinder nie zu zeitig beschäftigen; sind auch ihre ersten Beschäftigungen bloße Spielereyen. Denn, um sie zur Thätigkeit zu gewöhnen, darf man sie ja nicht anstrengen; dieses würde ihnen die Lust zur Arbeit benehmen: sondern ihre Beschäftigung muß für sie eine wahre Lust seyn. Der Trieb zur Thätigkeit ist dem Menschen eingepflanzt; er darf nur geleitet werden. Schon beim Spielwerk der Kinder muß man dahin sehen, ihnen solches Spielwerk zu geben, womit sie sich beschäftigen, besonders Bewegung machen können. Also keine schönen Sächelchen blos zum Anschauen, die man ins Putzschränkchen setzt, sondern Werkzeuge, womit die Kinder nach ihrer Art arbeiten, zusammensetzen, bauen, zerstören und trennen können, wobey endlich der Verstand nicht unthätig bleibt, obgleich auf eine kindische Art. Körperliche Arbeiten sind die ersten, die sich für das kindliche Alter schicken, und zwar nicht sowohl Arbeiten, als Leibesübungen, denen immer ein gewisser Zweck vorgesteckt seyn muß. Später hin folgen die Arbeiten oder Uebungen zur Entwicklung des Verstandes, aber immer ohne übertriebene Anstrengung.

Eine sehr wichtige Regel ist, daß man die Kinder an eine gewisse Ordnung im Arbeiten gewöhnen muß, an gewisse festgesetzte Stunden, und nicht darauf wartet, bis sie Lust haben. Diese Ordnung dient ihnen zur Vorbereitung auf ihre künftige Bestimmung, da in verschiedenen Ständen und Aemtern gewisse bestimmte Stunden zur Arbeit festgesetzt wird, ohne daß nach der Laune, oder Arbeitslust gefragt wird.

Ferner gewöhne man die Kinder in gewissen Jahren, eine bestimmte Zeit bey einerley Beschäftigung zu bleiben; denn eine Menge Beschäftigungen vieler Art machen sie flatterhaft. Auf der andern Seite aber muß der Erzieher auch verstehen; seine Zöglinge schnell von einer entgegengesetzten Beschäftigung auf eine andre zu führen. Diese Gewöhnung ist für das gemeine Leben von großem Nutzen, und bildet Entschlossenheit und Gegenwart des Geistes.

Ein gewisser Ernst bey dem Arbeiten und Lernen der Kinder ist auch gut, so daß man einen Unterschied zwischen Arbeiten und Spielereyen macht, ernsthafte Sachen nicht wie Tändeleyen behandelt. Denn dadurch werden sie arbeitsscheu, verlieren die Lust zu allem, was Mühe und Fleiß kostet, und wollen ihr ganzes Leben hindurch tändeln und spielen. [...]

Aus: Christian August Struve: Erklärung teutscher Sprichwörter in Rücksicht auf Erziehung und Behandlung der Kinder. Glogau 1798-99, I, S. 212-218, nach Münch 1984, S. 310f. (Auszug).

Wilhelm Heinrich Riehl: Die deutsche Arbeit. Stuttgart 1861.

Aus dem ersten Kapitel: Die persönliche Arbeit und die Volkspersönlichkeit

Das Selbsterfassen der angestammten Volkspersönlichkeit ist Nationalbewußtsein. Wenn ein Volk sich eins weiß in der Naturgrundlage seines Bestandes, in Stamm, Sprache, Sitte und Siedlung, so erblüht ihm dieses Bewußtseyn und durchdringt all sein Denken, Empfinden und Handeln. Als Naturvolk sind wir Nation, wir wuchsen auf als Nation, während wir uns zum Staatsvolk bildeten. Unmittelbar nach den Befreiungskriegen sprach Hegel in seiner berühmten Heidelberger Antrittsrede: „Die deutsche Nation hat sich aus dem Gröbsten herausgehauen, da sie ihre Nationalität, den Grund alles lebendigen Lebens gerettet hat." Das sind die vier großen S: Stamm, Sprache, Sitte und Siedelung, der Grund allen lebendigen Lebens, ein Urgrund, der das wandelbare Staatsleben der Völker weit überdauert und erst mit dem letzten Athemzuge des Volkes in Trümmer fällt.

Wenn aber der Arbeit die Segenskraft einwohnt, den Menschen immer persönlicher zu machen, so muß sie ähnlich bei den Persönlichkeiten der Menschheit, bei den Volkspersönlichkeiten wirken.

Im Dunkel vorgeschichtlicher Zeit ruhet das Geheimnis verhüllt, wie die Naturgrundlagen der Stämme und Völker entstanden sind, wie die Nationen sich geschieden haben. Aber wie die Scheidung sich steigend verpersönlicht, wie jene Naturgrundlagen sich festigen und erweitern, andererseits auch schwächen und zusammenstürzen, das sehen wir fort und fort im hellen Licht der Geschichte.

Mit andern Worten: Gottes Wille hat die Völker geschieden und ihnen den Grundcharakter ihres persönlichen Daseyns als eine Naturgabe eingebunden, aber der Völker freier Wille hält diesen Charakter bewußt und freudig fest, er entwickelt und steigert ihn und macht ihn zum Quell alles höheren, freien Gemeinlebens.

Das ist eine That und zwar eine persönliche und sittliche That, es ist die nationale Arbeit, durch welche wir unsere Volkspersönlichkeit behaupten und fortbilden. [...]

Aus dem 2. Kapitel: Die Völker legitimieren sich durch ihre Arbeit

Hier glänzt vorab das Volk Israel. Die Juden verloren Land und Staat und retteten dennoch ihren Volkscharakter, weil sie im Glauben und in der Arbeit persönlich original blieben. [...] Glaube und Wahrheit festete die Familie und ihren Stamm dergestalt, daß diese Ersatz boten für den Kitt der Staats- und Landesgemeinschaft. Es ist freilich nicht bloß die Arbeit schlechthin, sondern auch ein scharfer Unterschied in der Idee der Arbeitsehre und Arbeitssittlichkeit, der den Semiten vom Arier trennt, und namentlich vom Germanen des Mittelalters. [...] Die Kluft semitischer und arischer Arbeitsehre wurde erweitert zu einer noch viel klaffenderen der jüdischern und christlichen. Ausgeschlossen von Grundbesitz und Gewerbe, verschanzte sich der Jude im Handel und vorab im Geldhandel als seiner eigensten Burg und konnte nun hier seine Volkspersönlichkeit trotz aller Zerissenheit der Stammesgenossen erst recht in Erz gießen. In manchen rheinischen Städten überwuchsen die arbeitsrührigen Juden das lässigere Christenvolk dergestalt, daß zu befürchten stand, sie würden alle Bürger zuletzt aus der Stadt hinausarbeiten. [...] Aehnlich fürchtet der Gebildete das nationale Gepräge der jüdischen Geistesarbeit als ein dem deutschen Volkscharakter widerstrebendes. Andererseits emancipierte man die Juden, d.h. man machte sie deutsch, indem man ihnen die nationalen Formen unserer Arbeit erschloß und damit zugleich deutsche Gedanken von Arbeitsehre und Arbeitsmoral einpflanzte. Der Jude hinterm Pfluge und in der Werkstatt verliert sein semitisches und mittelaltriges Volksgepräge, weil der die theils angestammten, theils aufgezwungenen Schranken seiner Arbeit fallen läßt.

Aus dem 9. Kapitel: Vom Schutz der nationalen Arbeit

Nun komme ich auf ein bei gar Vielen hoch verpöntes Wort; es ist aber doch ein gutes Wort, wenn man es nur recht gebraucht. Das Wort heißt: „Schutz der nationalen Arbeit". Das ich in diesem Zusammenhange nicht an Schutz für inländische Roheisen und Rübenzucker, an Schutz durch Prämien, Monopole und Zölle denke, liegt wohl auf der Hand. Aber Schlagwörter, welche andauernd einen solchen Zauber üben, wie in der Ruf nach „Schutz der nationalen Arbeit" lange Zeit geübt hat, pflegen, wenn auch mißbraucht, eine

tiefe und weitgreifende Wahrheit zu bergen, und es fragt sich, ob nicht jenes trefflich gemünzte Wort, da man es einseitig auf den Zollschutz der deutschen Fabrikindustrie anwandte, weit bestechender auf viele Leute gewirkt hat, als die daran geknüpften, oft viel weniger scharf gemünzten Beweisführungen. [...]
Allein der wahre Schutz der nationalen Arbeit gilt gar nicht zunächst den Producenten, sondern den Consumenten, er geht nicht vom Staate aus, sondern von dem Consumenten selber, der kümmert sich gar nicht um Volkseinkommen und Geld und Erwerb, sondern lediglich um das luftige Gut des nationalen Geistes; es ist dieser Schutz auch nicht die Aufgabe einer Genossenschaft, sondern die Ehrensache jedes Gebildeten im Einzelnen, er braucht auch nicht erst herbeigewünscht zu werden, sondern ist vielfach schon vorhanden. [...]
Die Bildung ist es, die solchergestalt eine ideellen Schutz der nationalen Arbeit zu schaffen beginnt, einen gewaltigen Schutz, weit über alle Monopolien und Schutzzölle.
Allein Geistesarbeit steckt nicht bloß in den reinen Werken des Geistes, sie ruht auch im Erzeugnis des Gewerbes und der Industrie. Und wenigstens bei den höhern Arbeitsproducten dieser Gruppen spricht sich ein persönlich nationales Gepräge bestimmt aus im Geschmack der Form; in praktischer Gediegenheit, im Tiefsinn der Erfindung. Da lugt überall das Wahrzeichen geistigen Schaffens hervor. [...]
Denn die persönliche Macht einer Nation wurzelt darin, daß sie in allen Dingen und also auch in Schmuck und Sitte des täglichen Lebens sich eigenartig und persönlich weiter bilde, das beste Fremde in sich aufnehmend und sich verdeutschend, nicht aber es schlechtweg nachäffend; und ein Volk, welches die Moden eines andern beherrscht, besitzt bereits den ersten Schlüssel zur Herrschaft über den gesammten Geist dieses Volkes. Die Ehre bloß quantitativ in der Masse der Gewerbserzeugnisse und dem daraus quellenden Volksreichthum den Nachbarn zu übertreffen, ist nicht groß, wenn wir uns qualitativ, wenn wir uns im Geiste der Arbeit von demselben meistern und gängeln lassen.

Aus dem 12. Kapitel: Arbeitsschule im großen Styl; Abschnitt: Sociale Schule

[...] Schon unser Schulzwang ist eine zwangsweise Arbeitserziehung des Volkes auf Umwegen. Mancher Engländer und Franzose beneidet uns um unsern

Schulzwang, Andere bedauern uns. Wüßten sie gar, wie sauer es in manchen übernaturwüchsigen Landstrichen fällt, diesen Zwang durchzuführen, so würden und die Einen noch stärker beneiden und die Andern noch tiefer bedauern. [...]

Wir rechtfertigen unsern Schulzwang gewöhnlich mit dem Gedanken, daß der moderne Staat ein so ganz aus unserer modernen Bildung erwachsenes Institut sey, daß er ohne ein Minimum elementarer Kenntnisse bei jedem Bürger gar nicht bestehen könne. Also zwingt man schon aus Staatsraison einen Jeden, sich wenigstens dieses kleinste Bildungsmaß zu erwerben. Zudem steht der Staat gleichsam Gevatter bei dem unmündigen Kinde, sofern es ein kleiner Staats- und Gesellschaftsbürger ist, wie der Taufpathe, sofern es ein Christ ist, und sorgt, daß ihm trotz des Unvermögens oder der Rohheit der Eltern wenigstens die fundamentale Möglichkeit gegeben werde, dereinst auch ein ausgewachsener Gesellschaftsbürger zu werden. Allein der Schulzwang ist nicht blos ein Zwang zum Erwerben gewisser Kenntnisse, er ist zugleich ein Zwang zur Arbeitsschule. Nur wer von Kindesbeinen an geregelt arbeiten gelernt hat, taugt in unserer Gesellschaft. Gerade der allgemeine Schulzwang wirkt sicher wesentlich mit, daß das deutsche Volk vor anderen so universell zur Arbeit befähigt erscheint. Trotzdem wird in hohen und niederen Schulen bei fleißigster Arbeit noch gar oft die Aufgabe vergessen und vergriffen, daß man die Kinder zum rechten Arbeitsgeiste und zum reinsten Arbeitsideal erziehe. Denn die Arbeitsresultate eines Curses kann man wohl bureaukratisch vorschreiben, nicht aber das Arbeitsideal und den Lebensodem des Arbeitsgeistes. Ja man wirkt wohl gar vorschriftsmäßig gegen das sittliche Arbeitsideal.

Wilhelm Heinrich Riehl: Die deutsche Arbeit. Stuttgart 1861, S. 56-58, 62-64, 98, 101-103; 318f.

Thomas Carlyle: Arbeiten und nicht verzweifeln.
Deutsche Auswahl (1902)

Aus dem Kapitel: Arbeiten

Es liegt ein dauernder Adel und selbst etwas Heiliges in der Arbeit. Wäre der Mensch auch noch so wenig seines hohen Berufes eingedenk, so berechtigt er doch immer noch zu Hoffnungen, solange er wirklich und ernstlich arbeitet – nur im Müßiggange liegt ewige Verzweiflung. Arbeit steht, sei sie auch noch so niedrig und mammonistisch, stets im Zusammenhang mit der Natur. Schon der Wunsch, Arbeit zu verrichten, leitet immer mehr und mehr zur Wahrheit und zu den Gesetzen und Vorschriften der Natur, welche Wahrheit sind.

Das letzte Evangelium in dieser Welt ist: Kenne Deine Arbeit und tue sie. „Kenne Dich selbst", – lange genug hat dieses Dein armes „Selbst" Dich gequält, und Du wirst, wie ich glaube, es niemals kennen lernen. Halte es nicht für Deine Aufgabe, Dich kennen zu lernen, denn Du bist ein Individuum, welches Du niemals kennen lernen wirst. Wisse vielmehr, woran Du arbeiten kannst, und arbeite daran wie ein Herkules! Das ist jedenfalls ein besseres System. [...].

VI. Im Grunde genommen ist alle echte Arbeit Religion, und jede Religion, die nicht Arbeit ist, kann gehen und unter den Brahminen, Antinomiern, tanzenden Derwischen, oder wo sie will, wohnen; bei mir findet sie keine Herberge. Bewunderungswürdig war jener Ausspruch der alten Mönche: Laborare est orare: Arbeiten heißt Beten.

Älter als alle gepredigten Evangelien war dieses ungepredigte, unartikulierte, aber unausrottbare und ewig dauernde Evangelium: Arbeite und finde darin Dein Wohlergehen. Mensch, Sohn der Erde und des Himmels, liegt hier nicht in Deinem innersten Herzen ein Geist rühriger Methode, eine Kraft zur Arbeit, und brennt wie ein mühsam glimmendes Feuer und läßt Dir keine Ruhe, bis Du es entfaltest und in wohltätigen Tatsachen um Dich her niederschreibst! Was unmethodisch und wüste ist, wirst Du methodisch und urbar, Dir gehorsam und fruchttragend machen. Überall, wo Du Unordnung findest, da ist Dein ewiger Feind. Greif ihn rasch an und bezwinge ihn; mache Ordnung daraus, die nicht dem Chaos, sondern der Intelligenz, der Gottheit und Dir untertan ist! Die Distel, welche auf Deinem Wege wächst, grabe aus, damit statt derselben ein Halm nützlichen Grases, ein Tropfen nährender Milch wachsen möge. Du siehst den seither unbenutzten Baumwollenstrauch; sammle seinen weißen Daun, spinne ihn und webe ihn, damit anstatt wertloser Streu nutzbare Gewebe daraus entstehen und die nackte Haut des Menschen damit bedeckt werde.

Vor allen Dingen aber, wo Du Unwissenheit, Dummheit und Roheit findest, da greife sie unermüdet an und ruhe nicht, solange Du lebst, sondern schlage im Namen Gottes unverdrossen darauf zu. Der höchste Gott befiehlt Dir dies auf hörbare Weise, dafern Du nur Ohren hast zu hören. Aber auch mit seiner unausgesprochenen Stimme befiehlt er es, die ehrfurchtgebietender ist als der Donner des Sinai oder das Brausen des Wirbelwindes, denn spricht zu Dir nicht auch das Schweigen tiefer Ewigkeiten, der Welten jenseits der Morgensterne? Die noch ungeborenen Jahrhunderte, die alten Gräber mit ihrem verwesenden Staube, ja die längst vertrockneten Tränen, die ihn benetzten – sprechen diese nicht zu Dir, was noch kein Ohr gehört hat? Die tiefen Reiche des Todes, die Sterne in ihren nimmer ruhenden Bahnen, aller Raum und alle Zeit verkünden es Dir in fortwährend stummer Mahnung. Auch Du sollst wie jeder andere Mensch wirken, solange es Tag ist, denn es kommt die Nacht, wo niemand wirken kann.

Alle wahre Arbeit ist heilig; in jeder wahren Arbeit, wäre es auch nur wahre Handarbeit, liegt etwas Göttliches. Die Arbeit, so breit wie die Erde bat ihren Gipfel im Himmel. Schweiß der Stirn und von diesem an bis zum Schweiß des Gehirns, bis zum Schweiß des Herzens, worin alle Berechnungen eines Kepler, alle Betrachtungen eines Newton, alle Wissenschaften, alle gesprochenen Heldengedichte, alle vollführten Heroismen, alle Märtyrerleiden eingeschlossen sind bis zu jenem „blutigen Schweiße der Todesangst", den alle Menschen göttlich genannt haben! O Bruder, wenn dies nicht „Anbetung" ist, dann ist die Anbetung zu beklagen, denn dies ist das Erhabenste, was bis jetzt unter Gottes Himmel entdeckt worden.

Im Grunde genommen stimmen wir vollständig mit jenen alten Mönchen überein: Laborare est orare. In tausend Beziehungen, und von einem Ende bis zum andern, ist wahre Arbeit in der Tat Anbetung. Der, welcher arbeitet, verkörpert, möge seine Arbeit bestehen, worin sie wolle, die Form ungesehener Dinge und jeder Arbeiter ist ein kleiner Dichter. Die Idee und wäre es nur die Idee zu seinem armseligen tönernen Teller, um wie viel mehr zu seinem epischen Gedicht, wird bis jetzt erst von ihm selbst gesehen und zwar nur halb gesehen. Für alle anderen ist sie etwas Unsichtbares und Unmögliches; für die Natur selbst ist sie etwas Ungesehenes, ein Ding, welches bis jetzt noch niemals war – sehr „unmöglich", denn es ist bis jetzt ein Nichts! Die unsichtbaren Mächte hatten Veranlassung, einen solchen Mann zu behüten, denn er wirkt in dem Ungesehenen und für dasselbe. Ach, wenn er sein Augenmerk bloß auf die sichtbaren Mächte lenkt, dann kann er ebensogut seiner Aufgabe entsagen. Sein Nichts wird niemals richtig als etwas herauskommen, sondern als eine Täuschung und als etwas Scheinbares, was besser unterbleibt.

„Arbeiten heißt beten"; ja in einem höchst bedeutenden Sinne, den aber bei dem gegenwärtigen Zustande alles Betens und aller Verehrung niemand entwickeln kann. Wer ihn aber richtig versteht, der versteht die Prophezeiung der ganzen Zukunft; das letzte Evangelium, welches alle anderen in sich schließt. Seine Kathedrale ist der Dom der Unermeßlichkeit – hast Du ihn gesehen? Sein Dach ist die Milchstraße, sein Fußboden das grüne Mosaik des Landes und des Meeres, und sein Altar der Sternenthron des Ewigen! Seine Litanei und Psalmen sind die edlen Taten, das heldenmütige Wirken und Leiden, und die aufrichtige Herzenssprache aller tapferen Menschensöhne. Seine Chormusik sind die alten Winde und Ozeane und die tieftönenden, unartikulierten, aber beredten Stimmen des Schicksals und der Geschichte. [...]

VIII. Arbeit ist die Mission des Menschen auf dieser Erde. Es kämpft sich ein Tag herauf, es wird ein Tag kommen, an dem der, welcher keine Arbeit hat, es nicht für geraten halten wird, sich in unserm Bereich des Sonnensystems zu zeigen, sondern sich anderwärts umsehen mag, ob irgendwo ein fauler Planet sei. [...]

XIII. Ein starker Mensch wird immer Arbeit finden, das heißt Schwierigkeiten, Schmerzen, nach dem vollen Maße seiner Stärke. [...]

XVI. Euch aber, Ihr Arbeiter, die Ihr schon arbeitet, und seid wie erwachsene Männer, edel und ehrenwert, Euch ruft die Welt zu neuer Arbeit und neuem Adel. Bezwingt Meuterei, Zwiespalt, weit verbreitete Verzweiflung durch Männlichkeit, Gerechtigkeit, Milde und Weisheit. Das Chaos ist finster und tief wie die Hölle; laßt Licht werden, und wir sehen statt der Hölle eine grüne blumige Welt. O, es ist groß und es gibt keine andere Größe, als irgend einen Winkel von Gottes Schöpfung ein wenig fruchtbarer, besser und Gottes würdiger, einige Menschenherzen ein wenig weiser, männlicher, glücklicher und gesegneter zu machen. Es ist dies eine Aufgabe eines Gottes würdig. Die rußige Hölle der Meuterei, Barbarei und Verzweiflung kann durch die Energie des Menschen zu einer Art Himmel umgeschaffen, von ihrem Ruße, ihrer Meuterei und ihrem Bedürfnis nach Meuterei gereinigt werden. Der ewige Bogen des himmlischen Azur überspannt auch sie und ihre schlauen Maschinerien und hohen Schornsteintürme als eine Geburt des Himmels, und Gott und alle Menschen schauen zufrieden darauf herab.

Thomas Carlyle: Arbeiten und nicht verzweifeln. Auszüge. Deutsch von Maria Kühn und A. Kretzschmar. Robert Langewiesche Verlag Düsseldorf und Leipzig o.J. [1902ff.], 136. bis 150. Tausend [1913], S. 8, 16-19, 23f., 27f., 28, 35, 36f.

Zur Arbeit der Dietwarte (1920)

Der Vereinsdietwart ist Turnratsmitglied. Seine Tätigkeit umfaßt:
1. Die Durchführung aller Vorschriften über völkische Erziehung im Vereine. Er ist aber auch verpflichtet, an anderen Orten und bei jeder sich bietenden Gelegenheit völkisch tätig zu sein.
Hierher gehört neben der inneren Vereinstätigkeit die Herstellung und Aufrechthaltung der ständigen Verbindung mit den anderen völkischen Vereinigungen des Ortes, vor allem mit den Schutzvereinen. Der Turnverein darf dem völkischen Leben seines Ortes nicht fernestehen, sondern muß an demselben teilnehmen, wenn nicht führend wirken. Die Vertretung nach außen obliegt in der Regel dem Obmanne; der Dietwart wird hier also innerhalb des Turnrates nur anregend einzugreifen haben. Sehr notwendig wird besonders in der nächsten Zeit die rasche Durchführung der vom Turnkreise oder vom Turngaue getroffenen Anordnungen sein und vor allem die rasche Beantwortung der Anfragen dieser Körperschaften.

2. Die Schulung der Jungmannschaft und Zöglinge im deutschen Volkstume.
„Des deutschen Knaben und deutschen Jünglings höchst und heiligste Pflicht ist es, ein deutscher Mann zu werden, und geworden, es auch zu bleiben, um für Volk und Vaterland zu wirken" sagt Jahn.
Mut, Willenskraft, Gemeinsinn und Selbstüberwindung bringt uns das Turnen. Darüber hinaus muß die Dietwartarbeit einsetzen. Dort, wo Jugendabteilungen bestehen, wird der Dietwart auf den Platzleiter, die Vorturner einwirken müssen, damit bei passender Gelegenheit, vielleicht vor dem Turnen, wenn alles angetreten ist, durch kurze Ansprachen auf passende Gedenktage oder Ereignisse verwiesen wird. Völkische Gesinnung wurzelt in der Liebe zur Heimat und zum deutschen Volke. Daher mit unserer Turnierjugend hinaus in Wald und Flur, doch darf dabei das aufklärende, erzählende Wort der Führenden nicht fehlen, sonst wird das Wandern zum gedankenlosen Bummeln. Die Heimatschutzbewegung wird neben allgemein völkischen und deutschgeschichtlichen Erzählungen manch wertvollen Dienst erweisen und dem Jugendführer in ihren Schriften manche Anregung geben. Vor allem wird die Beilage zur Bundesturnzeitung für den Jungturner bald geschaffen werden müssen und auch für den Dietwart Ausreichendes zu bringen haben. Wo der Dietwart kann, möge er sich selbst auch der Jugend widmen. Lieber hört die Turnerjugend ihre Vorturner, auf welche daher entsprechend einzuwirken ist.

3. An völkischen Gedenktagen, dann anläßlich der Sommersonnenwend- und Julfeier Ansprachen zu halten oder begabte Turner dazu heranzuziehen.
Diese Ansprachen zu Gedenktagen, meist vor Beginn der Turnstunde gehalten, müssen inhaltsreich und kurz sein, sonst wirken sie ermüdend.

4. Die Bewerber um das Vorturneramt, ferner die Kampfrichter und Wetturner auf die völkische Prüfung vorzubereiten.
Diese Tätigkeit ist sehr wichtig, da sie sich an den Kern unserer Turner wendet. Es wird Sache eines vom Bundesdietausschusse zu schaffenden Buches sein, hiezu für Lehrer und Lernende den geeigneten Behelf beizubringen. Bis dahin mögen vor allem Einharts „Deutsche Geschichte", dann die vom Turnerbunde (1899) herausgegebenen „Völkischen Fragen" die Grundlage bilden. Der Gaudietausschuß möge innerhalb der Gaue diese Aufgabe besonders ins Auge fassen, da sie, wie erwähnt, einen besonders wichtigen Teil im Aufgabenkreis der Dietwarte darstellt.

5. Die Veranlagung und Begabung der Mitglieder dadurch zu fördern, daß er befähigte Turner zu Rednern vorbildet.
Die Durchführung unserer Aufgabe bezweckt vor allem die Ausbreitung unseres turnerisch-völkischen Erziehungsgedankens auf möglichst viele Träger desselben. Jeder Dietwart muß trachten, daß die Dietwartearbeit in seinem Vereine nicht nur auf seiner Person ruht. Bei der Vorbildung zum Redner ist zunächst der Inhalt der Rede oder des Vortrages die Hauptsache, das andere ergibt sich vielfach mit der Übung. Meist handelt es sich um die erste Überwindung der Redescheu. Sollten sich trotzdem nicht die Turner finden, möge der Dietwart Aufsätze völkischen Inhaltsgut vorlesen, wie sie die Dietwartbeilage unserer Bundesturnzeitung oder die vorzügliche Monatsschrift „Deutschlands Erneuerung" (J.F. Lehmanns Verlag, München), eine wahre Fundgrube guter, völkischer Aufsätze, die ich gleich an dieser Stelle unseren Dietwarten wärmstens empfehle, bringen. Über den Gegenstand wäre dann eine Wechselrede anzuschließen.

6. In den Turnratssitzungen über das völkische Leben der Turnvereine Bericht zu erstatten, über die Belebung und Ausgestaltung desselben sowie über die Ausgestaltung des völkischen Teiles von Festen, ferner über die Anschaffung von Büchern und Flugschriften Vorschläge zu machen.
Hier bedarf das Bücherwesen der Erläuterung. Es wird entweder vom Bundesdietausschusse, sonst vom Kreisdietausschusse ein Verzeichnis jener Bücher völkischen Inhaltes, die jede Vereinsbücherei enthalten muß, ausgegeben werden. Heute jedoch kann ich schon sagen, daß Jahns „Deutsches Volkstum" und die „Deutsche Turnkunst" sowie Einharts „Deutsche Geschichte" (Verlag Theodor Weicher, Leipzig, Inselstraße 10, Preis in Halbleinen gebunden 18 Mark) in keiner Vereinsbücherei fehlen dürfen. Bei den Flugschriften kann ein vom Gaudietwarte und den Bezirksdietwarten geleiteter Tauschverkehr mit wenigen Mitteln viel Ersprießliches leisten. Flugschriften-Sammlungen werden als Vortragsquellen für die Gau- und Bezirksdietwarte von Vorteil sein. Auch hier sei auf die im Verlage Lehmann-München erscheinenden völkischen Flugschriften verwiesen.
Es wird von mir eine Verbindung mit diesem Verlage angestrebt werden.

7. Die völkischen Leistungen des Vereines und seiner Mitglieder vorzumerken und hierüber nach den getroffenen Bestimmungen regelmäßig Bericht zu erstatten.

Wie über unsere turnerische Arbeit, werden wir auch über unsere völkische berichten. Wie weit sich diese Berichterstattung erstrecken soll, werden die Dietausschüsse noch ausarbeiten müssen.

Damit ist die Tätigkeit des Vereinsdietwartes umschrieben. Sie ist nicht klein und verlangt einen Mann, der heiße Liebe zum Volke mit klarer Überlegung und festes zähes Wollen in seinem Innern umschließt.

Von allen Körperschaften Deutschösterreichs haben unsere Turnvereine trotz des hohen Blutzolles den Zusammenbruch dank des innern Kernes am besten überstanden. Wenn unser Volk jemals wieder den Weg nach aufwärts wandeln soll, und wir glauben ja alle fest und heiß daran, so kann dies nur im Banne der Hochziele geschehen, die Jahn zur Begründung der Turnkunst führten und deren Pflege wir deutsche Turner mit seiner Kunst als heiliges Vermächtnis übernommen haben.

Karl Auswald, Kreisdietwart: Zur Arbeit der Dietwarte. In: Vom Deutschen Turnen. Alpenländische Turnzeitung des Turnkreises Steiermark/Kärnten, 18. Jahrgang, 2. Heft, Graz, im Hornung 1920, S. 51-53 (mitveröffentlicht in: „Die Südmark. Alpenländische Monatsschrift für deutsches Wesen und Wirken" 1, 1920).

Konstantin Hierl: Nationalsozialismus und Arbeitsdienstpflicht (1932)

Der unglückliche Ausgang des Weltkrieges und die Mißwirtschaft der letzten 14 Jahre haben zur beklemmenden Einengung unseres Lebensraumes, zum Verlust unserer Ersparnisse und zu drückender Verschuldung an das Ausland geführt.

Aus der Not hilft aber nur die Tat, und Armut kann nur überwunden werden durch Arbeit – wenigstens nach den Moralbegriffen des arischen Menschen.

Unser Volk in Not muß sich endlich frei machen von jener stumpfen Erwartung einer Rettung durch die Hand des Schicksals und von jeder törichten Hoffnung auf Hilfe von außen.

Nicht internationale Konferenzen können uns helfen, selbst müssen wir uns helfen.

Viel haben wir verloren, verblieben sind aber uns noch der deutsche Erfindergeist, die deutsche Arbeitskraft und der deutsche Boden innerhalb unserer verstümmelten Grenzen.

Wir müssen und können uns selbst helfen durch vollste Anerkennung unserer Arbeitskraft und beste Ausnützung des uns verbliebenen Bodens und seiner Werte.

Wiederbelebung unserer freien Wirtschaft mit staatlicher Hilfe ist nötig und möglich. Das allein genügt aber nicht.

Die außergewöhnliche Lage unseres Volkes erfordert gebieterisch auch außergewöhnliche Entschlüsse.

Wir müssen den Mut finden, Wege zu gehen, die vor uns noch kein großes Volk beschritten hat.

Nach nationalsozialistischer Auffassung ist jeder Deutsche Arbeiter und Kämpfer für sein Volk.

Aus diesem Grundsatz leiten wird für jeden Deutschen die Verpflichtung ab, während seiner Jugend eine bestimmte Zeit seinem Volke unmittelbar mit seiner Hände Arbeit zu dienen.

Arbeitsdienst bedeutet für uns also:

Dienst unserer Jugend an Volk und Reich,

Arbeitsdienst bedeutet Arbeit am deutschen Heimatboden zur Verbesserung der Lebensbedingungen unseres Volkes.

Die Arbeitsdienstpflicht soll der Staatsleitung ein Arbeitsheer schaffen als staatliches Machtmittel zum Einsatz im wirtschaftlichen Kampf um unser Leben und um die Wiedergewinnung unserer volkswirtschaftlichen Selbständigkeit.

Sinn und Zweck der Arbeitsdienstpflicht ist damit aber keineswegs erschöpft. Von nicht geringerer Bedeutung als die volkswirtschaftlichen sind die volkserzieherischen Aufgaben, zu deren Lösung der Arbeitsdienst berufen will.

Der Arbeitsdienst soll unsere Jugend schützen vor der körperlichen und sittlichen Verwahrlosung, zu der lange dauernde Arbeitslosigkeit führt.

Der Arbeitsdienst soll eine große Erziehungsschule für unser Volk werden.

Durch die körperliche Ausbildung und Abhärtung und die Erziehung zu Fleiß, Ordnung, Pünktlichkeit, Sauberkeit, Anstand, Selbstbeherrschung und Gehorsam soll der junge deutsche Mann eine wertvolle Lebensschule erhalten. Die Schule des Arbeitsdienstes soll der Jugend unseres Volkes auch die so notwendige staatsbürgerliche Erziehung zu nationalem Pflicht- und Ehrgefühl und zu sozialem Gemeinschaftsempfinden geben.

Bei gemeinsamer Arbeit im Dienst ihres Volkes sollen sich der junge Arbeiter der Stirn und der junge Arbeiter der Faust als Kameraden kennen und achten lernen.

Die manchen Kreisen unseres Volkes verlorengegangene Achtung vor der Handarbeit und Landarbeit soll durch den Arbeitsdienst wiederhergestellt werden.

Durch die allgemeine Arbeitsdienstpflicht wird der Begriff „Arbeiter" eine gerechtere Wertung in unserer Volksauffassung erfahren.

Der Name „Arbeiter" soll ebenso wie der Name „Soldat" ein an die vornehmsten Pflichten jedes Deutschen erinnernder Ehrentitel werden.

Freiwilliger Arbeitsdienst an Stelle der allgemeinen Arbeitsdienstpflicht ist eine durchaus unzulängliche Abhilfe.

Freiwilliger Arbeitsdienst ist unzureichend nach der volkswirtschaftlichen Seite, weil er nicht genügend starke Arbeitskräfte aufbringt, um in bezug auf Verminderung der Arbeitslosigkeit und Schaffung volkswirtschaftlicher Werte durchgreifend zu wirken. Freiwilliger Arbeitsdienst ist besonders unzureichend nach der volkserzieherischen Seite, weil er die Masse unserer Jugend nicht erfaßt und gerade diejenige Jugend nicht, die der Erziehung durch den Arbeitsdienst am dringendsten bedürfte.

Vor allem können wir uns mit dem Freiwilligen Arbeitsdienst deshalb nicht begnügen, weil wir in dem Arbeitsdienst eine sittliche und staatspolitische Pflicht der deutschen Jugend gegenüber ihrem Volke erblicken und den Staat, als Wahrer und Hüter des Volksrechtes, berufen halten, die Erfüllung dieser Pflicht zu fordern. Diese Forderung erscheint gering im Vergleich zu den Forderungen, die an die Väter der heutigen Jugend im Weltkrieg gestellt wurden.

Freiwilliger Arbeitsdienst darf daher nur in Betracht kommen als Überleitung und Vorstufe zum allgemeinen pflichtmäßigen Arbeitsdienst. Der Freiwillige Arbeitsdienst soll dazu dienen, die als Führer und Erzieher der Arbeitspflichtigen geeigneten Männer auszuwählen und planmäßig zu schulen. Diesem

Zweck entspricht es nicht, wenn der Staat – wie es durch die letzte Verordnung der Reichsregierung leider wieder geschieht – den Freiwilligen Arbeitsdienst Privatorganisationen von verschiedener Art und verschiedenstem Wert überläßt und sich auf Geldunterstützung beschränkt.
Der Staat selbst muß die Organisation und Leitung des Freiwilligen Arbeitsdienstes fest in seine Hand nehmen. Die Freiwilligkeit darf lediglich in dem freiwilligen Eintritt in diese staatlichen, festgefügten Arbeitsverbände bestehen. [...]

Konstantin Hierl: Ausgewählte Schriften und Reden. Bd. II, München ²1943, S. 79f. (Ende gekürzt).

Bibliographie der mehrfach abgekürzt zitierten Literatur

Adler u.a. 1962: H. G. Adler / Hermann Langbein / Ella Lingens-Reiner (Hgg.): Auschwitz. Zeugnisse und Berichte. Frankfurt/M. 1962

Asholt/Fähnders 1991: Wolfgang Asholt u. Walter Fähnders (Hg.): Arbeit und Müßiggang 1789-1914. Dokumente und Analysen. Frankfurt/M. 1991

Bartoszewski 1995: Wladyslaw Bartoszewski: Es lohnt sich, anständig zu sein. Meine Erinnerungen. Mit der Rede zum 8. Mai. Mit einem Nachwort hg. v. Reinhold Lehmann (= Herder Spektrum 4449). Freiburg/Br. 1995

Benda 1991: Franz Benda: Der Deutsche Turnerbund 1889. Seine Entwicklung und Weltanschauung (= Dissertationen der Universität Wien 216). Wien 1991

Berning 1964: Cornelia Berning: Vom „Abstammungsnachweis" zum „Zuchtwart". Vokabular des Nationalsozialismus. Berlin 1964

Biernacki 1995: Richard Biernacki: The Fabrication of Labour. Germany and Britain 1650-1914. Berkeley/Los Angeles 1995

Brackmann/Birkenhauser 1988: Karl-Heinz Brackmann / Renate Birkenhauer: NS-Deutsch. „Selbstverständliche" Begriffe und Schlagwörter aus der Zeit des Nationalsozialismus (= Europäisches Übersetzer-Kollegium Straelen. Glossar Nr. 4). Straelener Manuskript Verlag 1988

Breitmann 1996: Richard Breitmann: Himmler und die Vernichtung der europäischen Juden. Paderborn 1996 (engl. 1991)

Brocker 1992: Manfred Brocker: Arbeit und Eigentum. Der Paradigmenwechsel in der neuzeitlichen Eigentumstheorie. Darmstadt 1992

Broszat (Höß) 1958: Rudolf Höß: Kommandant in Auschwitz. Autobiographische Aufzeichnungen. Eingeleitet und kommentiert von Martin Broszat (= Quellen und Darstellungen zur Zeitgeschichte 5). Stuttgart 1958 (dtv 1963)

Broszat 1965: Martin Broszat: Nationalsozialistische Konzentrationslager 1933-1945. In: Anatomie des SS-Staates, II. Olten u. Freiburg 1965

Broszat/Fröhlich 1979: Martin Broszat u. Elke Fröhlich (Hgg.): Bayern in der NS-Zeit. II. Herrschaft und Gesellschaft im Konflikt. Teil A. München 1979

Brückner 1988: Wolfgang Brückner: Deutsche Philologie und Volkskunde an der Universität Würzburg bis 1925. In: A. Lehmann u. A. Kuntz (Hgg.):

Sichtweisen der Volkskunde (= Lebensformen 3, zugl. FS Gerhard Lutz). Berlin 1988

Brückner 1997: Heimatkunst 1997. Die Entdeckung von Volkskunst zwischen Heimatwerk-Bewegung und Volkswerk-Forschung. In: Weigand, Katharina (Hg.): Heimat. Konstanten und Wandel im 19./20. Jahrhundert. Vorstellungen und Wirklichkeiten (= Alpines Museum, Schriftenreihe 2). München 1997, S. 147-162

Brückner 1998: Wolfgang Brückner: Der Germanenmythos bei Felix Dahn. Ein Beitrag zur Sueven-Diskusion in Portugal und Spanien. In: Erwin Koller u. Hugo Laitenberger (Hgg.): Suevos – Schwaben. Interdisziplinäres Kolloquium in Braga 1996 (= Tübinger Beiträge zur Linguistik 426). Tübingen 1998, S. 167-182

Büchmann 1972: Georg Büchmann: Geflügelte Worte. Der Zitatenschatz des deutschen Volkes. 32. Aufl., bearb. v. G. Haupt u. W. Hofmann. Berlin 1972

Carlyle 1902: Carlyle, Thomas: Arbeiten und nicht verzweifeln. Auszüge. Deutsch von Maria Kühn und A. Kretzschmar. Karl Robert Langewiesche Verlag. Düsseldorf und Leipzig o. J. [1902], benutzt: 136. bis 150. Tausend o. J. [1912]

Clausen 1988: Lars Clausen: Produktive, destruktive Arbeit. Soziologische Grundlagen. Berlin 1988

Conze 1972: Werner Conze: Arbeit. In: Geschichtliche Grundbegriffe. Historisches Lexikon zur politisch-sozialen Sprache in Deutschland, hg. v. Otto Brunner, Werner Conze, Reinhart Koselleck. I, Stuttgart 1972, S. 154-215

Conze 1975: Werner Conze: Freiheit. In: Geschichtliche Grundbegriffe. Historisches Lexikon zur politisch-sozialen Sprache in Deutschland, hg. v. Otto Brunner, Werner Conze, Reinhart Koselleck. II, Stuttgart 1975, S. 425-542

Drobisch/Wieland 1993: Klaus Drobisch u. Günther Wieland: System der NS-Konzentrationslager 1933-1939. Berlin 1993

Enzyklopädie des Holocaust 1993: Enzyklopädie des Holocaust. Die Verfolgung und Ermordung der europäischen Juden. Hg. v. Eberhard Jäckel, Peter Longerich, Julius H. Schoeps. 3 Bde. Berlin 1993 (Tel. Aviv hebr. 1989, engl. 1990, hg. v. Israel Gutman)

Fraenkel 1965: Heinrich Fraenkel u. Roger Manvell: Himmler. Kleinbürger und Massenmörder. Berlin 1965 (Originalausgabe engl.)

Gedenkstättenpädagogik, Hb. 1997: Gedenkstättenpädagogik. Handbuch für Unterricht und Exkursion. MPZ München 1997

Hartmann 1995: Erich Hartmann: Stumme Zeugen. Photographien aus Konzentrationslagern. Gerlingen 1995

Heiser 1993: Dorothea Heiser (Zusammenstellung und Kommentar): Mein Schatten in Dachau. Gedichte und Biographien der Überlebenden und der Toten des Konzentrationslagers. Mit einem Vorwort von Walter Jens, hg. v. Comité International de Dachau. München 1993

Herzl (1896) 1936: Theodor Herzl: Der Judenstaat. (^{1}1896) 11. Aufl. Berlin 1936

Höß s. Broszat 1958

Kaienburg 1990: Hermann Kaienburg: „Vernichtung durch Arbeit". Der Fall Neuengamme. Die Wirtschaftsbestrebungen der SS und ihre Auswirkungen auf die Existenzbedingungen der KZ-Gefangenen. Bonn 1990

Kater 1971: Michael H. Kater: Die Artamanen. Völkische Jugend in der Weimarer Republik. In: Historische Zeitschrift 213 (1971), S. 577-638.

Klemm 1970: Walter Klemm: 90 Jahre Schutzarbeit. Zum Gründungstag 13. Mai 1880 des Deutschen Schulvereins Wien (= Eckart-Schriften 35). Wien 1970

Kogon 1974: Eugen Kogon: Der SS-Staat. Das System der deutschen Konzentrationslager. München 1946, erw. 31948 (28. Aufl. 1994), zitiert nach der Aufl. München 1974

Levi 1994: Primo Levi: Se questo è un uomo (1947). Turin 1958, deutsch: Ist das ein Mensch? München 1961, 1991, TB München (1992) 31994

Lundholm 1988: Anja Lundholm: Das Höllentor. Bericht einer Überlebenden. Mit einem Nachwort von Eva Demski. Reinbek b. Hamburg 1988 (TB 1991)

Matz 1993: Reinhard Matz: Das Verschwinden der Vergangenheit im Gedenken. Reinbek b. Hamburg 1993

Mohler 1972: Armin Mohler: Die konservative Revolution in Deutschland 1918 bis 1932. Zweite, völlig neu berarbeitete und erweiterte Fassung. Darmstadt 1972

Müller 1992: Severin Müller: Phänomenologie und philosophische Theorie der Arbeit. 2 Bde. Freiburg 1992/94

Münch 1984: Münch, Paul (Hg.): Ordnung, Fleiß und Sparsamkeit. Texte und Dokumente zur Entstehung der „bürgerlichen Tugenden". München 1984

Münch 1992: Paul Münch (Hg.): Lebensformen in der frühen Neuzeit. Frankfurt/M. 1992

Neuhäusler 1986: Johann Neuhäusler: Wie war das im KZ Dachau? Ein Versuch, der Wahrheit näherzukommen. Dachau 1960, 18. Aufl. 1986

Riehl 1861: Wilhelm Heinrich Riehl: Die deutsche Arbeit. Stuttgart 1861 (1883)

Röhrich 1994: Lutz Röhrich: Lexikon der sprichwörtlichen Redensarten. Freiburg/Br. ^{5}1991 (TB 1994)

Rump/Vieregg 1995: Hans-Uwe Rump / Hildegard Vieregg u.a.: Das Unbegreifliche begreifen. Rundgang durch die KZ-Gedenkstätte Dachau 1995

Schenda 1986: Rudolf Schenda: Die Verfleißigung der Deutschen. Materialien zur Indoktrination eines Tugend-Bündels. In: Jeggle/Korff/Scharfe/Warneken (Hgg.): Volkskultur in der Moderne (= rowohlts enzyklopädie 431). Reinbek b. Hamburg 1986, S. 88-108 [FS Hermann Bausinger]

Schenda 1989: Fleißige Deutsche, fleißige Schweizer. Bemerkungen zur Produktion eines Tugendsyndroms seit der Aufklärung. In: Hans-Jürg Braun (Hg.): Ethische Perspektiven. „Wandel der Tugenden" (= Zürcher Hochschulforum 15). Zürich 1989, S. 189-209

Schorske 1982: Carl E. Schorske: Geist und Gesellschaft im Fin de Siècle. Frankfurt/M. 1982 (New York 1980)

Segeberg 1991: Harro Segeberg (Hg): Vom Wert der Arbeit. Zur literarischen Konstitution des Wertkomplexes 'Arbeit' in der deutschen Literatur (1770-1930). Dokumente einer interdisziplinären Tagung und Handlung 1988. Tübingen 1991

Seifert 1996: Manfred Seifert: Kulturarbeit im Reichsarbeitsdienst. Theorie und Praxis nationalsozialistischer Kulturpflege im Kontext historisch-politischer, organisatorischer und ideologischer Einflüsse (= Internationale Hochschulschriften 196). Münster/W. 1996

Smith 1971: Bradly F. Smith: Heinrich Himmler. A Nazi in the Making 1990-1926. Stanford 1971 (dt. 1979)

Sofsky 1993: Wolfgang Sofsky: Die Ordnung des Terrors: Das Konzentrationslager. Frankfurt am Main 1993

Sternberger/Storz/Süskind 1968: Dolf Sternberger / Gerhard Storz / Wilhelm E. Süskind: Aus dem Wörterbuch des Unmenschen (1945). Neue erweiterte Ausgabe (1967). Hamburg ³1968

Stockhorst 1967: Erich Stockhorst: 5000 Köpfe. Wer war was im 3. Reich. Bruchsal 1967 (Reprint Wiesbaden 1985)

Trommler 1979: Frank Trommler: Die Nationalisierung der Arbeit. In: Reinhold Grimm u. Jost Hermand (Hgg.): Arbeit als Thema in der deutschen Literatur vom Mittelalter bis zur Gegenwart. Königstein/Ts. 1979, S. 102-125

Wiedemann 1974: Konrad Wiedemann: Arbeit und Bürgertum. Die Entwicklung des Arbeitsbegriffs in der Literatur Deutschlands an der Wende zur Neuzeit (= Beiträge zur neueren Literaturgeschichte Serie 3, Bd. 46). Heidelberg 1979

Wohl 1990: Tibor Wohl: Arbeit macht tot. Eine Jugend in Auschwitz. Frankfurt/M. 1990

Wulf 1963: Wulf, Josef: Martin Bormann. Hitlers Schatten. Gütersloh 1962

Wykes 1981: Elan Wykes: Reichsführer SS Himmler. München 1981 (engl. 1972)

Zoozmann 1935: Zoozmann, Zitatenschatz der Weltliteratur. Neu bearbeitet von Karl Quengel. 7. Ausgabe (Vorwort von Richard Zoozmann zur 1. Aufl. 1910) Leipzig o.J. (1935)

Vor 54 Jahren nahe Auschwitz
Ein lebensgeschichtliches Nachwort*

Wer 1930 geboren ist, gehört in Deutschland zum ersten „weißen" Jahrgang, war also weder beim Militär, noch als Luftwaffenhelfer bei der Oberschüler-Flugabwehr, sondern zu Ende des Krieges in der damals sogenannten Obertertia. Diese fünfte Gymnasialstufe bildete 1944 die oberste Klasse in der Schule, für die noch Unterricht vor Ort gehalten wurde mit den verbliebenen nun ältesten Schülern. Wir Vierzehnjährigen waren zugleich eine Art Wachbataillon für die Schulgebäude mit Feuerlöschausbildung und Nachtdienst. Ich fungierte z.B. als persönlicher Melder des stellvertretenden Direktors und amtierenden Sicherheitschefs des alten Gymnasiums in Hindenburg/OS Luftalarm gab es meist am Tage, wenn die amerikanischen Fernbomber von Italien aus über „Kärnten-Steiermark" (so die Luftlagemeldung im Radio für uns) einflogen, um sich Ziele im vornehmlich ostoberschlesischen Industriegebiet zu suchen, wo es u.a. Bunawerke zur Herstellung von kriegswichtigem Treibstoff aus Steinkohle gab. So auch im Umkreis der Konzentrationslager von Auschwitz, im einst westlichsten Teil des österreichischen Galizien gelegen und nicht zum Generalgouvernement Restpolens geschlagen, sondern 1939 sofort für das neue Reichsgebiet annektiert. Darum waren der Residenzort des einstigen Fürstentums Auschwitz und seine Umgebung für deutsche Zivilisten und also auch für uns Schüler einfach und ohne Sondergenehmigungen zu erreichen.

Wir wurden in den Schulferien dorthin zur pflichtmäßigen vormilitärischen Ausbildung geschickt. Diese Art der „NS-Lebensform Lager" (Seifert) hatte nichts mit bündischer Zeltromantik zu tun, sondern bildete eine strenge Kasernenerziehung zu Kindersoldaten. Ich gehörte der Flieger-HJ an, hatte darum

---

* Ermuntert dazu haben mich zwei lebensgeschichtliche Texte über jene Jahre aus der Feder von Kollegen. Der eine ist der Bielefelder Historiker Reinhart Koselleck (Jg. 1923) und der andere der Münchner Germanist Wolfgang Harms (Jg. 1936), der eine sieben Jahre älter als ich, der andere sechs Jahre jünger. Koselleck kam 1945 als einer der Tausenden von den Amerikanern in Böhmen den Sowjets zur Zwangsarbeit überlassenen Kriegsgefangenen nach Auschwitz (FAZ, Beilage 6. Mai 1995, Nr. 105, o.S.). Harms war damals ein Kind in Itzehoe mit zeittypischen Alltagserlebnissen (Steinburger Jb. 40, 1996, S. 164-179).

im Januar 1944 zur Erlangung der „theoretischen und technischen Ausbildungsstufe I" einen Kursus im Hangar des Flugplatzes Kattowitz absolviert und dabei Segelflugzeuge reparieren gelernt. Im April war ich dann zu einem Lehrgang in Radzionkau, nahe beim Marienwallfahrtsort Piekar direkt hinter Beuthen mit seinem künstlichen Hügel aus Schlachtenerde polnischer Befreiungskämpfe, so auch vom deutschen Annaberg. Dort flog ich die A-Prüfung für das Segelflugabzeichen mit einer Schwinge. In den Sommerferien 1944 ging es dann nach Libiaz bei Auschwitz, wo es höhere, aber flache Berge mit gutem Aufwind gab für die geforderten S-Kurvenflüge im „Schulgleiter" zur B-Prüfung. Im Oktober folgte wiederum auf dem „Flughafen Kattowitz" die C-Prüfung mit Seilwindenstarts im „Grunau-Baby".

Dort gab es dann bisweilen unruhige Nächte, weil die großen 8,8 cm-Batterien der Flak die Bomberverbände bei direktem Überflug unter Beschuß nahmen, und wir Buben nicht in unseren Betten bleiben durften, sondern in die Splittergräben im Freien getrieben wurden. Die Erdlöcher schützten aber nicht vor dem Rückfall des eigenen schrill pfeifenden Metallregens der schweren Abwehrgranaten. Also fürchteten wir uns sehr. Im fernen Auschwitz hingegen konnten wir im Sommer tagsüber von den Höhen aus öfter die künstliche Einnebelung der Industriewerke beobachten. In der Landschaft standen Nebeltonnen herum, die einzeln gezündet werden mußten, um dichten Rauch zu entwickeln. Bei uns draußen aber wehte ein günstiger Wind, so daß wir das Kurven zunächst sogar simulierend in einem am sogenannten Pendelbock freihängenden Schulgleiter auf der Hochfläche übten. Auf diese Weise wurden die möglichen Unglücksfälle mit uns Kindern vermindert. Dennoch ist beim tatsächlichen Fliegen ein besonders Ängstlicher aus unserer Gruppe über die rechte Tragfläche „abgeschmiert" und aus den Trümmern auf Nimmer-Wiedersehen abtransportiert worden.

Der gesamte Kursus aber war vor allem deshalb nicht ungefährlich, weil wir außer den uns schulenden Flieger-Unteroffizieren keine weiteren bewaffneten Soldaten in der Nähe hatten und das mitten im potentiellen Partisanengebiet rein polnischer Bevölkerung. „Insurgenten" hieß damals der Angstbegriff aus der Zwischenkriegszeit. Freien Ausgang gab es in diesen vormilitärischen Trainingslagern ohnehin keinen, aber hier war die strikte Abschottung eine notwendige Sicherheitsvorschrift, so daß wir nur in strenger Marschkolonne in die Öffentlichkeit und auf unsere Übungshänge durften.

Dort wurden wir nach Kommißmanier bisweilen wie Lagerinsassen behandelt, das heißt angeblich zur Raison gebracht, wenn etwas nicht nach den Ordnungsvorstellungen der Vorgesetzten funktionierte. Es bedeutete für uns Buben ohnehin eine „sportliche" Schinderei, die Schulgleiter nach jedem Flug wieder auf den Hang zu befördern. Ein Start verlief folgendermaßen. Der Übungstrupp war in drei Gruppen aufgeteilt: Mindestens drei Jungen hielten den Gleiter an seinem Ende unter den Höhenrudern fest, stemmten dabei die Hufeisen beschlagenen Absätze in den Boden, auf dem sie kauerten und zogen mit ganzem Körper rückwärts. Zwei größere Gruppen von ungefähr je sechs Jungen liefen unterdessen mit einem doppelten Gummiseil, das lose am Rumpf eingehängt war, den Hang hinab, um es wie bei einer Schleuder auszudehnen. Auf den Befehl zum Loslassen schnellte dann „die Kiste" einige Meter in die Höhe und erhielt von dem aufwärts blasenden Gegenwind Auftrieb sowie Bodenabstand durch die Steilheit des abfallenden Berges. Die Bremser mußten nun das herabgefallene Seil wieder auf die Höhe schleppen, die übrigen dem bald gelandeten Schulgleiter nachlaufen, um ihn zurück auf den Übungshang zu transportieren. Dies geschah mit einem kleinen zweirädigen Karren, auf den unser Segelflugzeug mit der Kufe gesetzt und so gezogen werden konnte. Verteilt an allen Enden, schoben wir die an Drahtseilen schwankende Holz-Leinen-Konstruktion gemeinsam bergan.

Eines Tages durften wir aus irgendeinem „strafbaren" Grund das Hilfsgefährt zum Aufbocken nicht benutzen, sondern mußten nebeneinander in Reih und Glied den Schulgleiter an seiner Unterseite auf unsere Arme zu liegen bekommen und in Leibeshöhe hochstemmen, so daß wir ihn quer zum Hang in die Höhe tragen konnten. Dabei sollten wir laut ein Marschlied singen. Hinter solcher „Schleiferei" stand jener Teil der Hitlerjugend-Devise, der die Erziehung zur Eigenschaft „hart wie Kruppstahl" forderte und in der Rekrutenausbildung offenbar ebenfalls beliebt war. Aus der Frühzeit der nationalsozialistischen KZs in den Jahren 1934/35 gibt es eine aus der preußischen Festungsanlage Lichtenburg (1936 nach Buchenwald verlegt) herausgeschmuggelte Fotografie mit „singenden Pferden". Es waren zwölf Männer, die einen schweren Leiterwagen unter Gesang über den Hof bewegen mußten (bei Drobisch/Wieland, S. 230). Dieses Bild erst hat in mir die Erinnerung an Libiaz oberhalb von Auschwitz wieder geweckt. Anderes ist mir für immer präsent geblieben.

So der 20. Juli 1944. Nach dem Frühsport wurden wir wieder auf die „Buden" geschickt und lümmelten uns, alleingelassen, auf den Strohsäcken herum. Die wenigen Soldaten – unsere Fluglehrer – verschanzten sich in ihren Diensträumen. Strenges Verbot, ins Freie zu treten! Auf den Führer sei ein Attentat verübt worden. Wir drehten an dem einzigen Volksempfänger im Hause herum und erwischten schließlich die beiden bekannten Auftritte von Goebbels und Hitler. Begriffe wie „eine Clique verbrecherischer Usurpatoren" sind mir noch deutlich im Gedächtnis, denn dieses Wort hatte ich zuvor nie gehört. Darüber hinaus imitierten wir Buben gerne den Redestil und die süddeutsche Aussprache Hitlers mit dem rollenden Bühnen-R der Burgschauspieler aus Wien, besonders bei der unvermeidlich auftauchenden Vokabel „Vorsehung", die mit kurzem O und doppeltem R zu schnarren war. Sie kam auch am Nachmittag in der Rede des „höheren SS-Häuptlings" (wie mein Tagebuch formuliert) vor, um den wir uns in einem Saal des Ortes zu einer Dankes- und Ergebenheitsfeier versammeln mußten: Eine SS-Abordnung aus Auschwitz ganz in Schwarz mit Silbertressen, eine kleine Fallschirmjägereinheit und wir Buben von der Flieger-HJ, sozusagen drei Marschsäulen verschiedenfarbig Uniformierter. Die Männer der Luftwaffenelitetruppe empfanden wir als zukünftige Kameraden, zumal wir, erst vierzehn Jahre alt, im Dienst schon gesiezt wurden. Also hielten wir uns an die Soldaten und nicht an die Wachmannschaften. Selbst die feldgraue Waffen-SS war für Flieger eine mindere Militärgattung, was also erst die schwarze Polizeitruppe. Und so witzelten denn auch die Fallschirmjäger über das Ritual des gemischten Appells.

Acht Tage später flog ich dreimal hintereinander vom höchsten Hügel aus die geforderten Kurven samt Ziellandung für das Segelfliegerabzeichen mit den zwei Schwingen, und dann ging es für uns vier oder fünf Schulkameraden aus Hindenburg wieder nach Norden, „heim ins Reich", wie es im ironisierten Propagandajargon der „Umsiedlungsaktionen" unter uns hieß. Die Hinfahrt nach Libiaz hatten wir wegen der Luftangriffe nicht über Auschwitz genommen, sondern über Trzebinia. Auf der Rückfahrt aber wollten wir unbedingt in Auschwitz umsteigen, um das „Konzertlager", wie wir es in der Schülersprache nannten, zu sehen. „Aber der Aufenthalt war zu kurz, wir konnten nur das 'Haus der SS' besuchen, ein großartiges Restaurant in der Nähe des Bahnhofs. Viel zu sehen war sonst nicht, außer der Überfüllung an SS"; so habe ich seinerzeit notiert, nicht ahnend, daß sich der Bahnhof außerhalb von Stadt und einstiger k. und k. Kaserne, dem „Stammlager" befand, auch wenn die Umzäunung bis an die Geleise reichte.

Schließlich wußten wir Kinder ohnehin zu wenig, und zwar nur soviel, daß hier politische Gefangene als Industriearbeiter eingesetzt würden. Die makabre Redensart „Zum Tore rein, zum Schornstein raus", war hingegen auf die Stadt Tost in Oberschlesien gemünzt, wo sich eine damals sogenannte Irrenanstalt befand. Doch laut durfte man auch dies auf keinen Fall sagen. Um so einprägsamer blieben uns derartige „Sprüche" als Tabuüberschreitungen gleich den verbotenen obszönen Ausdrücken und Gedanken, für die es „wasserpolnische" Wörter gab. Insofern waren es mehr unreflektierte jugendliche Kraftausdrücke als wirklich geglaubte Informationen. Wir übten uns in Großmäuligkeit.

Alte abgerissene Juden, erkenntlich am gelben David-Stern, auf die mit dem Finger zu zeigen uns die Eltern verboten hatten, waren im Verlaufe des Krieges in unserem Stadtviertel nicht mehr zu sehen. Dies kam uns Kindern jedoch erst ins Bewußtsein, als der letzte von ihnen über Nacht abtransportiert wurde. Es war der Geselle unserer Schustersfrau, deren Mann an der Front stand. Wer sollte nun die Winterstiefel sohlen und nageln, neue Absätze mit Hufeisen machen oder die zu eng gewordenen Schuhe für mich als dem Ältesten von Fünfen weiten? Das stellte ein großes Problem für die achtköpfige Familie zu Zeiten kriegswirtschaftlicher Rationenzuteilung dar. Also klagte die Mutter laut über die zunächst immer wieder hinausgezögerte, dann aber doch endgültige „Abholung" des jüdischen Schusters. Was nun? Meine Schwester erinnert sich noch an den Todessprung einer jüdischen Frau aus dem Hause unserer Schulfreundin Margot Wanjek von der nächsten Straßenecke. Das muß aber schon eher geschehen sein.

Vor dem Kriege, wohl noch vor der berüchtigten Reichskristallnacht des Jahres 1938, als uns die erregt tuschelnden Eltern nicht zu den Gaffern in die Stadtmitte laufen ließen, um die Synagoge brennen zu sehen, zu einer Zeit also, wo es noch Religionsunterricht an öffentlichen Schulen gab, erteilte uns diesen in der Volksschule der Klassenleiter Sordon. Rechenstunden aber hielt ein anderer Lehrer, dessen Namen ich bezeichnenderweise vergessen habe, weil er sich durch optische Eindrücke in die Erinnerung eingegraben hat. Er war hager und im Gesicht gefurcht wie ein Verhungernder, hatte hochgezogene Schultern oder eine eingefallene Brust und rauchte in den Pausen ununterbrochen. Oft mußte ich für ihn während des Unterrichts Zigaretten kaufen gehen. Die Päckchen bestanden aus kleinen, fast quadratischen Blechschachteln mit Steuerbanderole. (Oder waren es nur stanniolüberzogene Pappschachteln?). Wir hielten ihn für schwindsüchtig, denn das war die gefürchtetste Krankheit, von der auch Kinder wußten.

Auf dem Pausenhof durften wir uns, wenn er die Aufsicht führte, nur in einer Kreisformation gemessenen Schrittes bewegen, die er vom Zentrum aus mit seinem Rohrstock dirigierte und Unbotmäßigen nach den Beinen schlug. Doch Prügel, gar auf die ausgestreckten Hände, gab es damals auch noch in der höheren Schule, z.B. für jede nicht gelernte Englischvokabel. Aber dieser Rechenlehrer kannte „raffiniertere" Methoden, z.B. das Überbucken auf den Pult der ersten Bank, wobei die dort Sitzenden dem Delinquenten die Hosen stramm ziehen mußten. Dann gab es viele kleine Schläge auf ein und dieselbe Stelle, bis der Gequälte vor Schmerzen mit den Beinen strampelte. Als dieser Lehrer an einem der NS-Feiertage beim abendlichen Fackelzug in brauner Uniform mit der Kolonne der SA marschierte und im Schein von Flammen und Rauch makaber anzusehen war, tauften wir ihn den „Tod auf Urlaub".

Im Unterricht allerdings gebärdete er sich ansonsten burschikos, setzte sich bisweilen verkehrtherum auf den schrägen schmalen Tisch der ersten Bank und dirigierte von da aus Schnellrechenspiele mit Bonbon- oder Pfennigbelohnung. Zur Osterzeit spritzte er nach oberschlesischer Manier die Mädchenklassen vom Zapfhahn zwischen den Türen aus naß, was ihm wohl ein germanischer Fruchtbarkeitsbrauch dünkte, denn alles Christliche war ihm zuwider. Er erzählte uns z.B. (im Rechenunterricht!), daß er lieber in die Hölle kommen wolle, da ginge es lustiger zu als im langweiligen Himmel. Ganz wild aber wurde er ein anderes Mal.

Klassenlehrer Sordon, der – wie gesagt – auch den katholischen Religionsunterricht erteilte, hatte mit uns die Zehn Gebote und den dazugehörigen alttestamentlichen Zusammenhang durchgenommen. Er entrollte am Kartenständer eine jener beliebten großen Schulwandbilder mit der Darstellung: Moses kommt vom Sinai herunter mit den zwei steinernen Tafeln in den Händen. Ich sehe die Darstellung noch heute ziemlich genau vor mir in ihrem grünlichen Gesamtton dieser ausgebleichten Öldrucke oder Chromolithographien.

In der darauffolgenden Stunde stand Rechnen auf dem Plan. Lehrer Sordon hatte deshalb das Klassenzimmer verlassen, aber vergessen, das Wandbild wieder einzurollen. Der „Tod auf Urlaub" blieb wie gebannt in der Tür stehen und begann zu brüllen: „Der Jude muß raus! Eher betrete ich nicht das Klassenzimmer". Der gesetzte ältere Lehrer Sordon wurde herbeizitiert und mußte unter weiterem Schreien des Jüngeren das Bild abräumen.

Ein Paar Tage später gab es neuerlichen Ärger in der Rechenstunde. Ein Vater habe sich beim Direktor über die Szene beschwert; na warte! – Nach dem Krieg hat mir meine Mutter gesagt, daß es unser Vater gewesen ist, der das damals von Schulleitung zu Schulleitung wagte. Es hat ihn nicht davor bewahrt, am Ende des Krieges durch die rächenden Sieger elendiglich zu Tode zu kommen, nachdem er zumindest die Familie zuvor hatte in zweifelhafte Sicherheit bringen können.

Als es die Mutter mit vier von uns Kindern schaffte, in den letzten Eisenbahnzug zu gelangen, der am 20. Januar 1945 das oberschlesische Industriegebiet vor der herannahenden Front in Richtung Nord-Westen verlassen konnte, begegnete uns die Realität der gestreiften Gestalten aus Auschwitz von Angesicht. Es war eine Weile vor Oppeln im Schnee. Vom Zug aus beobachteten wir eine weit auseinandergezogene Marschkolonne, deren humpelnde Nachzügler von Bewaffneten angetrieben wurden. Heute weiß ich, daß nur ein Bruchteil von ihnen die Elbe oder gar Buchenwald lebend erreichte. Die Mutter hatte sie am Tag zuvor schon durch Hindenburg laufen sehen und Horst Bienek ebenfalls an jenem 19. Januar 1945 durch Gleiwitz. Jahrzehnte später rechnete ihm Jean Améry in Brüssel vor, daß er sich damals unter diesem Trupp befand.

Ein weiteres Mal sah ich Häftlinge – wohl aus anderen Lagern – am Abend vor dem berüchtigten Luftangriff des 13. Februar in Dresden. Es war der Rosenmontag 1945. Wir hatten als Schüler des Dreikönigsgymnasiums im Neustädter Bahnhof nächtlichen Flüchtlingsdienst. Die Reste der Trecks aus den umkämpften Ostprovinzen kamen unter anderem hier an, zum Teil mit zerschossenen Koffern und im Schnee dezimierten Familien. Wir halfen tragen und Verpflegung austeilen. Gegen 22 Uhr rollte durch den hochgelegenen Bahnhof langsam ein Zug mit offenen Güterwagen, in denen dicht gedrängt KZ-Insassen standen, und dies bei Temperaturen tief unter 0-Grad. Es war am hintersten, fast dunklen Bahnsteig in der aus Gründen des Luftschutzes spärlich beleuchteten Halle. Als der letzte Wagen in die Nacht hinein passierte, fiel ein Schuß. Fluchtversuch? Wir Halbwüchsigen machten uns aus dem Staub. Keiner wollte mehr bleiben.

Noch nichts wußte ich damals davon, daß mein Vater, ein wehruntauglicher Studienrat und Vizeschulleiter, in dieser Zeit oder wenig später von Hindenburg aus mit einem ähnlichen Transport der restlichen Männerbevölkerung (ohne die unentbehrlichen Bergleute) in die andere Richtung verschleppt wurde. Er hat die von den Alliierten Stalin paktmäßig zugestandenen Deportationen in ein weißrussisches Arbeitslager der Pripjet-Sümpfe nur bis zum September 1945 überlebt. Auch dort waren Unterernährung und „Vernichtung durch Arbeit" nicht bloß in Kauf genommene Reibungsverluste von Gefangenenkasernierung, sondern erprobtes Gulag-System. Die der Familie auf verschlungenen Wegen später zugekommenen spärlichen Notizen von eigener Hand zwingen zu dieser Beurteilung.

Heute ist meine noch lebende Mutter dreiundfünfzig Jahre Witwe. Als sie, hochschwanger, 1939 mit uns Kindern zum ersten Mal in ihre Heimatstadt Dresden fliehen mußte, blieb der Zug schon in Gleiwitz hängen, und wir erlebten im Morgengrauen des 1. September den von Hitler dort inszenierten Kriegsbeginn als eine in der Nähe grollende Unheimlichkeit an jenem Punkt, den mein Altersgenosse Horst Bienek aus eigener Anschauung in seinen Romanen genauer beschrieben hat. Ich war damals so alt wie meine Mutter 1914 bei der allgemeinen Mobilmachung, und sie erinnerte sich an die damalige hysterische Begeisterung der Erwachsenen für einen Krieg. Jetzt hielt sie ihre nüchterne Meinung auch vor uns Kindern nicht zurück: „Das geht nicht gut!". Den studierten Vater hingegen überrumpelten auf Dauer immer wieder die anfänglichen Erfolge und später die Durchhalteparolen der Propaganda. Er hat dafür mit dem Leben bezahlen müssen.

Auch er hätte nämlich fliehen können. Aber er sah sich dazu als preußischer Beamter nicht in der Lage. Es waren die heute gerne verlachten „Sekundärtugenden" der bürgerlichen Aufklärung, die – emphatisiert oder verdammt – in Abgründe führen. Arbeit macht weder frei noch unfrei. Es sind Menschen, die sich das gegenseitig antun. Der in Bayern bekannte slowenische Maler Zoran Music (geb. 1909), der hochgeehrt in Venedig und Paris lebt, war 1944/45 in

Dachau inhaftiert gewesen und hat dort den hundertfachen Tod der letzten Wochen in geheimen Skizzen festgehalten. Seit 1970 beschäftigt ihn das Massensterben in Straflagern erneut, seit er angesichts der Gegenwart einsehen mußte: „Wir sind nicht die letzten". So lautete auch der Titel seiner Ausstellung in der „Katholischen Akademie in Bayern" 1995, parallel zu seiner Münchner Ausstellung „Die späten Jahre" in der „Bayerischen Akademie der Schönen Künste". Bei der Befreiung von Dachau vor mehr als fünfzig Jahren hatten Music und seine Gefährten geglaubt: „Wir waren die letzten", jetzt beginnt die neue Zeit. Gerade in seiner jugoslawischen Heimat aber hat sich heute nochmals grausam bewahrheitet, was er schon vor einem Vierteljahrhundert überall auf der Welt registrieren mußte.

Auch der Übergang von der sogenannten Arbeitsgesellschaft zur sogenannten Informationsgesellschaft hat nichts von den kriminellen Energien abbauen helfen, die weiterhin unsere Welt bedrohen. Im Ameisenstaat, so lehrt es der Würzburger Zoologe Berthold Hölldobler mit internationalem Erfolg, bestimmt ein gut funktionierendes Informationssystem die lebenserhaltende Ordnung des Ganzen und seiner Arbeitsprozesse. Hölldoblers Vorgänger Martin Lindauer hatte dasselbe schon mit den Bienen durchexperimentiert. Biologische Zwangsanstalten also von der Art der nationalsozialistischen Erziehungsparole: „Du bist nichts, Dein Volk ist alles"? Und darum: Nur „Arbeit macht frei"? – Wo immer man sich hinwenden möchte, der Homo sapiens ist von lauter offenen Fragen umstellt und zwar gerade in den verstehenden und erklärenden Kulturwissenschaften.

Ein jüngerer Historiker, der in Italien 1957 geborene und in Paris lebende Enzo Traverso, hat einen erhellenden „Essai sur Auschwitz et les intellectuels" unter dem Titel „L' Histoire déchirée" 1998 geschrieben. Der Text handelt von der unterschiedlichen moralischen Bewertung der Massenmorde unserer Zeit. Alle Genozide des 20. Jahrhunderts seien von der jeweiligen Staatsgewalt ausgegangen. In Auschwitz kommen zusammen, so rekapituliert der Schweizer Rezensent aus Frankreich, Jürg Altwegg: „Foucaults Gefängnis, Marx' Fabrik, die wissenschaftliche Organisation der Arbeit im Sinne von Taylor, Max Webers Bürokratie. Auschwitz war kein Rückschritt, keine Regression, sondern eines der möglichen Gesichter der Industriegesellschaft – eine Pathologie der Moderne".

Horst Bienek hat dies in der letzten Strophe eines seiner Texte der eigenen Sibirienerfahrung verdichtet:

"Wir aber schaufeln noch

Unbeweint

In den Silos der Qual,

Wohin wir verbannt sind

von den Kommissaren der Vernunft".

An anderer Stelle enden seine Verse zur Erinnerung an Auschwitz mit der bleibenden Frage: "Wann wird unsere Asche reden?"

Wolfgang Brückner

Wolfgang Brückner

Geboren am 14. März 1930 in Fulda,
aufgewachsen in Rosenberg und Hindenburg/OS

1949	Abitur in Gelnhausen
1950ff.	Studium in Marburg, München, Kiel, Frankfurt/M
1956	Promotion zum Dr. phil. an der Universität Frankfurt/M
1964	Habilitation in Frankfurt/M
1965-1995	Mitherausgeber des Anzeigers des Germanischen Nationalmuseums Nürnberg
1968-1973	Professor und Leiter des Instituts für Volkskunde der Universität Frankfurt/M
1973-1998	Ordinarius für deutsche Philologie und Volkskunde an der Universität Würzburg und Mitvorstand des Instituts für deutsche Philologie
1974-1998	Begründer und Hauptherausgeber der Bayerischen Blätter für Volkskunde, Würzburg und München
1975	Korrespondierendes Mitglied der Wissenschaftlichen Gesellschaft an der Universität Frankfurt/M
1976-1984	Fachgutachter für Volkskunde der Deutschen Forschungsgemeinschaft, Bonn/Bad Godesberg
1977	Korrespondierendes Mitglied im Ausland der Österreichischen Akademie der Wissenschaften zu Wien
1978ff.	Wiederbegründer und Hauptherausgeber des Jahrbuchs für Volkskunde der Görres-Gesellschaft in Würzburg, Innsbruck, Fribourg
1978-1995	Verwaltungsratsmitglied des Germanischen Nationalmuseums Nürnberg
1979	Ausländisches Mitglied der Vetenscapssocieteten in Lund/Schweden
1980-1992	Kuratoriumsmitglied des Instituts für Gegenwartsvolkskunde der Österreichischen Akademie der Wissenschaften zu Wien
1982ff.	Mitglied der Kommission für die Enzyklopädie des Märchens der Akademie der Wissenschaften zu Göttingen
1983	Ausländisches Mitglied der Königlichen Gustav-Adolfs-Akademie in Uppsala/Schweden
1986ff.	Mitglied im Beirat für das Haus der Bayerischen Geschichte, München, jetzt Augsburg
1995	Theodor Heuss-Medaille des Germanischen Nationalmuseums Nürnberg
1998ff.	Mitglied des Wissenschaftlichen Beirats des Staatlichen Instituts für Sächsische Geschichte und Volkskunde in Dresden

Bibliographie: Sozialgeschichte regionaler Kultur (= Veröff. z. Volkskunde u. Kulturgesch. 42). Würzburg 1990, Fortsetzung in: Bayer Bll. f. Vk. 22, 1995. S. 225-244

Leske + Budrich

ISBN 3-8100-2207-1

MIX
Papier aus verantwortungsvollen Quellen
Paper from responsible sources
FSC® C105338

If you have any concerns about our products,
you can contact us on
ProductSafety@springernature.com

In case Publisher is established outside the EU,
the EU authorized representative is:
**Springer Nature Customer Service Center GmbH
Europaplatz 3, 69115 Heidelberg, Germany**

Printed by Libri Plureos GmbH
in Hamburg, Germany